冤罪
なぜ人は間違えるのか

西 愛礼
Nishi Yoshiyuki

インターナショナル新書 151

目次

写真提供　共同通信社

序章　人は誤る

ある裁判官が抱いた不安

「先生はどうして法律家になられたのですか」

冤罪《えんざい》事件の当事者となった山岸忍《やまぎししのぶ》さん（プレサンスコーポレーション元社長、TUKUYOMI HOLDINGS現社長）の保釈を勝ち取るために奔走し、裁判所による最後の判断を待っている間に、面会室のアクリル板の向こうに座る山岸さんが私に優しく問いかけました。

他ならぬ法律家が誤って彼を捕らえ、ここに閉じ込めているのですから、この質問には誠実に答えなければならない、私はそう思いました。

そこでのやりとりは二人だけのものとして今でも私の中に残っていますが、少なくとも私はそのとき、それまでの人生を振り返ることになりました。

おそらくきっかけは、私が高校生から大学生の頃、中学時代の先輩が元交際相手を殺害した事件と、中学時代の後輩が母親を殺害したという事件が起きたことでした。

私が通っていたのはどこにでもある住宅街の、どこにでもある普通の公立中学校で、殺人を犯した二人ともとても真面目で優しい人でした。だからこそ、私は「人間」というものの正体が分からなくなりました。それを見定めるために、刑事事件を中立的な立場で裁く裁判官になりたいと思ったのです。

しかし、私にはお金がありませんでした。

共働きで一生懸命働く両親に支えられてそれまで勉強に励んできましたが、私の下には3人のきょうだいもおり、大学卒業後、法科大学院（ロースクール）に進む余裕まではありません。法律事務所で夜勤のバイトをしながら図書館とファミレスで問題集の答案を書きつづけ、大学4年生のとき、「これで落ちたら企業に就活する」と決めていた最後の司法試験予備試験に合格することで、法科大学院に行かずに司法試験を受けられることになりました。

司法試験に合格し、裁判官になってからは、私は人間を見定めるどころか私自身を見つめなおさなければならない裁判という営《いとな》みに食らいつくことに必死でした。人を裁く時、裁判官は自分の判断に誤りがないか、その正しさを最後まで問いつづけ、自分自身を裁くことになるのです。初めて判決宣告に立ち会ったときはその重責から手が震えました。

初めての無罪判決の日のことは今でも忘れられません。

私はこの事件は被告人が無実である冤罪事件だと思っていたので、有罪判決を宣告して誤判に至らなかったことに安堵《あんど》しつつ、泣きながら判決を聞くその人のこれまでの壮絶な苦難に想いを巡らせていました。そのとき、そのような冤罪事件が発生した原因を誰も検証しないのであれば、また再び同じような冤罪事件が起きてしまうのではないかと不安になりました。

そこで、無罪判決宣告後、裁判官室に戻った私は他の裁判官に「無罪判決が出た後って、誰も検証とかしないんですか？」と質問したのです。色よい返事がなかったので自分で調べてみたところ、現在の日本にそのような冤罪事件の原因検証制度はないことが分かりました。私が感じた不安のとおり、誤った捜査・起訴や誤判の原因は基本的に検証されず、同じような冤罪事件が繰り返されているということです。

かと言って裁判官はただ判決を下すことしかできず、冤罪の再生産を解消するという根本的で構造的な問題を一人でなんとかするのはむずかしいのではないかとも感じてしまいました。目の前で見た「冤罪」という問題に対して何もできないことに、裁判官としての自身の限界を感じました。

その後も、裁判で無実を主張するほど身体拘束が長引くという「人質司法」（本文174ページ）の状態をなんとか解消しようと、一生懸命考えて保釈許可を決定したものの、その後に他の裁判官らが検察側の不服申立てを認め、私の判断が覆《くつがえ》されてしまったこともありました。そのようなことも受け、私の判断は本当に間違っていたのか自問しつづけた夜もありました。私は自身を裁きながら、さまざまな法律の問題に直面しつづけたのです。

人間は間違える生き物である

そんな私が弁護士として勾留中の山岸さんに会ったとき、山岸さんはまさに冤罪と人質司法に苦しんでいました。私がどうにもできなかった問題が、巡り巡って目の前の人を苦しめていたのです。

私は、裁判官の感覚にも照らして、彼の身体拘束を継続してきた裁判所の法解釈がけっして異例なものではないことも、そして、その保釈が最もむずかしい部類に属することも十分理解していました。しかし、その苦悩を、理不尽《りふじん》を、あるべき正義を、何度も叫ぶ彼を前にして、司法に携わる私たち法律家の人間性が問われているように感じました。だからこそ、彼のために日本では前例のない保釈請求を実現しようと尽力したのです。

山岸さんとの最後のアクリル板越しの会話のさなか、裁判所が検察官の不服申立てを棄却して山岸さんの保釈を認めたという連絡が舞い込み、私は山岸さんと一緒に面会室で飛び跳ねながら喜びました。あんなにガッツポーズをしたのは人生で初めてでした。冤罪で苦しんでいる人が自由を取り戻す、私はこの瞬間のために今まで生きてきたのだと実感しました。

その後、このプレサンス元社長冤罪事件では山岸さんに対して無罪判決が宣告されます。裁判官時代の私は、自身の限界から冤罪の問題に正面から取り組むことを諦めました。しかし、この事件を通じて、どんなに困難なことであったとしてもそれに苦しんでいる人がいる以上、諦めずにやり抜かなければならないことを学びました。私は、二度と同じような事件を起こさないために、冤罪の研究を始めました。

その結果、人間が「間違える生き物」である以上、つねに正しくありつづけることはできず、冤罪などの誤りは必ず生まれてしまうため、冤罪をなくすことはできないという結論に至りました。

しかし、かりにそうであったとしても、間違える生き物である人間というものを研究することで誤りの原因を解き明かし、冤罪を減らすことにより、正しくあろうとする努力はできるはずだという結論にも至りました。

冤罪の科学

今の私は「人間」に着目をして、冤罪という事象そのものを解き明かし、将来の冤罪を防ぐことを目的とした研究を続けています。

責任追及ではなく原因追究の観点で冤罪を見たとき、でっち上げや捏造《ねつぞう》、改竄《かいざん》のような人間の悪意に基づく冤罪事件においてもその不正の前提には誤解や思い込みがあるということや、関係者全員がそれぞれの正義を追求した結果、悪意というよりも過失によって生み出されてしまった冤罪事件も存在するということが分かってきました。そして、誰もがこの誤りの渦に巻き込まれてしまうおそれがあるにもかかわらず、失敗が他人事と捉えられ、過去の冤罪事件の原因がそのまま放置される結果、同じような冤罪事件が繰り返されているのです。

そうした視点に立ったとき、冤罪防止のためには、冤罪事件において関係者を批判して終わるのではなく、冤罪事件の教訓を学ぶことが重要であり、裁判官、検察官、弁護士といった法曹三者や、警察官、マスメディアといった刑事司法関係者の協働が必要不可欠であることを実感しました。そのためには、法曹三者いずれかの立場に偏って研究するのではなく、冤罪のメカニズムをできるかぎり客観的・中立的に解明しなければならないと思い、心理学などの科学的・客観的な分析手法を用いればそれが可能だと考えました。

このようにして、世界中の冤罪に関する知識を集約・体系化した『冤罪学　冤罪に学ぶ原因と再発防止』（日本評論社、２０２３年）という書籍を出版するに至りました。

私が取り組んでいる冤罪の研究は、つまるところ「人はなぜ間違えるのか」という研究です。そして、この「人はなぜ間違えるのか」という問題は、冤罪だけでなく、世の中のありとあらゆる間違いの原因とも共通しています。

そこで、私の「冤罪学」から、広く日常生活にも活かすことのできる失敗の知識をまとめようと思いました。間違いのメカニズムを冤罪から学ぶことで、皆様の日々の暮らしの中でその知恵を活かしていただければ幸いです。

第1章　冤罪とは何か

「冤罪」の定義

人が刑事事件の犯人と間違えられてしまったとき、「冤罪」が生まれます。

実はこの「冤罪」という言葉は現行の法律のどこにも使われていません。つまり、法律用語ではないのです。そのため、国会においても日本国政府は「『冤罪』の定義について特定の見解を有していない」と答弁しています。

このような定義の曖昧さによって、裁判官、検察官、弁護士の話す「冤罪」も、その内容がバラバラだったりしています。

法律上の定義がない以上、一般的な日本語の定義によるほかありません。つまり、国語辞典を調べるのが最も中立的だと思われます。そして、『日本国語大辞典』（小学館）には「冤罪」が次のように定義されています。

「えん‐ざい【冤罪】（名）罪がないのに疑われ、または罰せられること。無実の罪。ぬれぎぬ」

つまり、「冤罪」とは

①罪が無いのに疑われること

②罪が無いのに罰されること

の両方の意味があるようです。

無実の罪で有罪判決を受けた場合は、②の意味で当然「冤罪」です。

それだけでなく、無実であるにもかかわらず、警察などから犯罪者と疑われること、誤認逮捕されること、最終的に不起訴となったが犯罪を疑われたこと、起訴されたが有罪判決を受けずに無罪判決を宣告されたことなども「冤罪」に含まれるということです。

実際に、犯人ではないかと疑われた時点で、その人の人生にとって大きな負担が生まれます。身に覚えのない疑いをかけられ、捕まり罰されてしまうのではないかとか、家族の周囲にまで悪い噂がたってしまうのではないかという不安に苛まれるようになります。また、取調べや裁判に対応するために、仕事や家庭の時間を割かなければならなくなります。

かりに裁判によって「無罪」という確定判決を得たとしても、警察から犯罪者のような扱いを受けたり、メディアで事件の容疑者であると報じられた事実は消えません。

「公正世界信念」といって、世界は公正であって人間の行ないに対して公正な結果が返ってくると信じている人は多いと思います。この「悪いことをすれば悪いことが起こる」という考えは、「冤罪に巻き込まれたのは普段から悪いことをしていたからだ」という誤った考えを招いてしまうことがあり、不起訴や無罪判決の後も冤罪による風評被害が続いてしまうことがあるのです。

　したがって、罪が無いのに疑われてしまった時点で、やはりそれは冤罪だと言わなければなりません。

囚われたウサギ

　ちなみに、この「冤」という漢字について、『大漢和辞典』（大修館書店）には次のような記載があります。

　　「会意《かいい》。冖と兎の合字。兎が覆われて走ることが出来ないで屈むこと。転じて無実の罪を受ける・うらむ・あだの意とする」

「冤」という漢字自体、か弱い兎を拘束したさまから「無実の罪を受けること」を意味しているということです。確かにその姿は囚《とら》われているようにも、罰されているようにも映ります。この「冤」が「罪」という言葉を修飾した結果、「冤罪」という二字熟語が構成され、「罪がないのに疑われ、または罰せられること」という意味を持つことになったのです。

この世における最大の理不尽

これまで、「冤罪」という言葉の定義についてお話ししてきました。しかし、その言葉が真に意味しているのは単なる濡《ぬ》れ衣《ぎぬ》という事象にとどまりません。冤罪という言葉には、それ自体に重大な意味が含まれているのです。

第一に、冤罪被害はこの世における最大の理不尽だということです。

何も悪いことをしていない人が、これまで生活してきた信頼している自分の国からいわれのない罪の疑いをかけられ、国という強大な権力に身体を拘束され、1日24時間外界から遮断された狭い空間の中でとどまることなくその理不尽に全身を襲われ、周囲からは失望されて信用を失い孤立し、裁判にかけられて有罪判決を宣告されることになります。その肉体的、精神的、経済的、社会的な不利益は計り知れず、どのような補償をもってしても償うことはかないません。しかも、濡れ衣である以上、国民の誰もが冤罪の当事者になる危険があり、それを予防することはむずかしいのです。

第二に、冤罪は法治国家として不健全な事象と言わざるをえません。

国家は法と正義の名の下に悪人を処罰し、治安を維持して国民を守っています。しかし、冤罪の場合には国家の側が悪となり、法と正義の名の下に善人を処罰し、「見せかけの治安維持」のために無実の国民を利用することになってしまいます。誰もそのような国で暮らしたいなどと思わないでしょう。もっとも、人間は誰しもが間違いに陥る以上、どのような国であったとしても冤罪を生む危険性があることには留意しなければなりません。

第三に、冤罪は真犯人を逃してしまうことにつながります。

真犯人は、誰か別の人が逮捕・処罰され、自分がそれを免れたことを知ったとき、きっとひっそりと笑っているでしょう。これは誰にとっても耐え難い苦痛です。笑った犯人は次にどうするでしょうか。その経験を踏まえて自分は捕まらないと高をくくり、再び同じ罪を犯すかもしれません。そして、誰もがその被害者になりえるのです。

第2章「負けへんで！」山岸忍さんの戦い

大阪地検特捜部によって作られた冤罪

私が実際に弁護し、冤罪研究を始めるきっかけになったものとして、プレサンス元社長冤罪事件があります。

この事件は大阪を本社とした東証一部上場企業（当時）プレサンスコーポレーションの創業社長である山岸忍さんが、大阪地検特捜部により、ある学校法人の新理事長が起こした業務上横領罪の共犯として逮捕・起訴されたというものです。

しかし、山岸さんは業務上横領の主犯である新理事長と会ったこともなく、無実を示す客観的証拠が複数存在していました。

それなのになぜ山岸さんが逮捕されたのかというと、大阪地検特捜部は山岸さんの部下と取引先社長を取調べで威迫《いはく》し、その見立てに沿う供述を押し付けていたのです。

山岸さんは、主任弁護人に元検察官の中村和洋弁護士（中村和洋法律事務所）、副主任弁護人に刑事弁護で有名な秋田真志弁護士（後藤・しんゆう法律事務所）を選任したほか、企業法務のエキスパートである上田裕康弁護士（アンダーソン・毛利・友常法律事務所）、元検察官の新倉明弁護士（新倉法律事務所）と亀井正貴弁護士（亀井・和氣法律事務所）、元裁判官の私、そのほかにも多数の弁護士を選任するなど、多様性と個性に富んだ弁護団を組織しました。

このプレサンス元社長冤罪事件は、共犯者供述の危険性を含め、日本の刑事司法が抱える問題が如実に表われた事例でした。

弁護団はその刑事裁判の冒頭陳述において、この事件を次のとおり形容しています。

「本件は、大阪地検特捜部によって作られた冤罪事件である」

「冤罪事件」の始まり

山岸さんが立ち上げたプレサンスコーポレーションという不動産会社は、東証一部上場を果たし、急成長を遂げていました。

その中で山岸さんの部下が、ある学校法人の校地を購入し、そこにマンションを建てる案件を手掛けることになりました。山岸さんは交渉の開始を承認しましたが、交渉はなかなか進んでいないようでした。

記者会見に臨む山岸忍氏（奥に写っているのが著者）

そんなある日、部下から次のような依頼を受けます。

「案件を動かすため、間に入る取引先社長に山岸社長個人のお金、18億円貸してください」

「そうしないとこの案件が前に進みません」

「3〜4か月後にプレサンスが手付《てつけ》を先方に入れた段階で貸した18億円は戻ってきます」

「取引先社長には連帯保証をさせます」

事情を聞くと、学校法人がプレサンス社に校地を売るためには学校の移転先を決めないとならないのですが、その移転先の土地を取得するためにつなぎ資金が必要で、そのお金を取引先の社長を経由する形で貸すことで案件が前に進むというのです。

そういうことであれば、プレサンス社が会社としてお金を直接、学校法人に貸すのが筋ではあるのですが、プレサンス社の定款には貸金業は入っていません。そこで、社長である山岸さんのポケットマネーから貸すというスキーム（仕組み）を考えたというのです。

山岸さんは部下と取引先社長を信頼していましたし、彼らも山岸さんが個人的なお金を投入したとなれば一生懸命、案件を成功させようとするだろうと思いました。貸付の最終的な相手方も学校法人というしっかりした組織です。また、校地を売る契約が正式に決まればその手付金が学校法人に入り、それを返済に充ててもらえますから、借金返済のための原資がきちんと存在しています。さらに、ほんの3～4か月後には返済されるのであれば大きなリスクではありません。このように総合的に考えて、山岸さんは個人的にお金を貸すことを了承しました。

山岸さんは、正直なところ自分のポケットマネーから18億ものお金を貸すことに抵抗がありました。しかし、会社のお金を個人のために使うのであれば横領になりますが、この場合は逆に、社長個人のお金を会社の事業のために使うわけですから、会社のために社長が一肌《ひとはだ》脱ぐという自己犠牲的な行動だと思っていました（ただし、後に山岸さんは「社長がお金を出してしまうと、自分とプレサンス社との利益が相反する状況が生じた場合に、会社の利益を最優先に判断することができなくなる可能性があるため貸し付けるべきではなかった」と語っておられています）。

変更されたスキーム

後日、改めて懇意にしている取引先社長がお金を借りるお願いをしに山岸さんのもとを訪れ、山岸さんは「18億円を学校法人に貸す」という条件で、取引先社長にそのお金を貸すことを決めました。

ところが実際には山岸さんが貸したお金は学校法人に渡りませんでした。そうではなくて、その学校法人の理事長の座を狙っていた人物に渡っていたのです。

その人物は「学校の経営権を握るために18億円が必要で、経営権を握った暁には学校法人もその18億円の連帯保証をする」などと、間に入った取引先社長を言いくるめて自分の会社に振り込ませたのです。結局、新理事長が承諾していた学校法人の連帯保証は実現しませんでした。

ところが、山岸さんへの説明と異なり、そのお金が学校法人ではなく新理事長の会社に振り込まれてしまったことを、叱責を恐れた部下と取引先社長は山岸さんに報告することができませんでした。彼らは「新理事長が学校の経営権を握って、プレサンス社との間に土地売却の契約が成立しさえすれば、その手付金が学校に入るから問題なく山岸さんに返済されるはずだ」という楽観的な見通しのもと、土地取引の交渉を継続することにしたのです。

最終的に学校法人は土地をプレサンス社に売却し、新しい理事長は18億円を山岸さんに返済したのですが、実は新理事長は理事会にその事情を説明しないまま、土地の手付金から21億円を出金して山岸さんへの借金を返していたのです。これは新理事長が理事会を騙していたことに外ならず、自分の借金を学校法人のお金で返済したことになりますので、業務上横領に当たります。

しかし、そんな事情を知らない山岸さんは、自分が学校法人に貸したお金が学校法人から返ってきたと信じており、新理事長が横領をして借金を返済したことなどまったく知りませんでした。

無理な「見立て」

やがて学校法人内では21億円が消えたと問題になり、新理事長が刑事告発されました。告発を受けた大阪地検特捜部は「山岸さんは横領のことをすべて知っており、新理事長に学校買収をさせることで土地を売らせた黒幕だ」という絵を描き、新理事長との共犯だと見立てたのです。

この見立てはかなり無理な筋書きでした。

そもそも、山岸さんは新理事長と一度も会ったことがなく、そんな人物に「横領して返済する」と言われて大金を貸す人がいるでしょうか。

ところが大阪地検特捜部はこの誤った見立てに固執してしまいました。押収したメールなどの客観的証拠をきちんと精査しておけば、学校法人に貸し付けられる予定であったのに、結局新理事長に貸し付けられることになってしまったという事実経過が判明したはずですが、そうした基本的な捜査の手順を踏まずに山岸さんの検挙に猛進してしまったのです。

特捜部の検察官は、新理事長に加えて、部下と取引先社長をまず業務上横領罪の共犯として逮捕し、厳しく取調べました。部下と取引先社長は「山岸さんに対しては学校に対してお金を貸すよう依頼しました」と記憶どおりの事実を何度も供述しましたが、検察官はそれに一切耳を傾けず、そのような内容の供述調書を一通も作成しませんでした。あくまでも検察官がほしかったのは「山岸さんが主犯です」という供述だったのです。

「検察なめんなよ」

２０１９年12月８日、検察官は山岸さんの部下に対する取調べにおいて、部下が嘘をついているなどと指摘しつつ、右手を大きく振り上げて机めがけて振り下ろし、「バアアアアン」と部屋中に響き渡るような大きな音を出して机を叩きました。

そして、検察官は約50分という長時間にわたってほぼ一方的に相手を責め立て、このうちの15分は大声をあげて一方的に怒鳴りつづけました。

「反省しろよ、少しは」

「こんな見え透いた嘘ついて、なおまだ弁解するか。なんだ、その悪びれもしない顔は。悪いと思ってんのか」

「ふざけるな」

「何でこんな見え透いた嘘をつくんだ。どういう神経してるんですか」

「あなた詰んでるんだから。もう起訴ですよ、有罪ですよ、確実に」

「子どもだって知ってます、嘘ついたら叱られる、お仕置きを受ける。あんたそんなことも分かってないでしょ」

「『お試しで逮捕』なんてあり得ないんだよ。俺たちはそんないい加減な仕事はできないんだよ。人の人生狂わせる権力持ってるから」

「検察なめんなよ」

「あなたの人生を預かってるのは私なんだ。これ以上あなたを痛めつけさせないでください」

これらはすべて取調べを記録した録音・録画に残されていた検察官の台詞《せりふ》です。もっとも、この時点では部下はそれだけ罵倒されても山岸さんの関与を否定していました。

ついに部下までもが引っ張りこまれた

ところが同日、並行して取調べを受けていた取引先社長のほうが先に折れてしまったのです。

「山岸さんの関与が本当にあるんやったら、それ言わへんかったら、今のこの立ち位置だけからしたら、新理事長さんと同じくらい取引先社長さんすごくこの件に関与した、非常に、情状的にはやっぱりかなり悪いところにいるよ」

「山岸さんが主導する、あるいは部下さんからの話でプレサンス側の強い意向を受けて、取引先社長さんが入っていったと。プレサンス側の意向があったから、これはもうやらなあかんのやというような話で今回の件の21億（円を）回《まわ》して返済するところまでやったんやというんやったら、それは自ずと責任の重い、軽いとかいうのはそれは変わってくるでしょ。言ってる意味分かりますか」

（網掛け部分は原文ではいずれも実名。ここでは当時の肩書きにした。以下、同じ）

このように、「山岸さんが主犯だと白状しないと罪が重くなる」と脅された取引先社長は、「協力して喋《しゃべ》る」「助けてください」と述べて山岸さんの関与を肯定する供述を始め、山岸さんを事件に引っ張り込みました。

翌日、検察官は再び部下に対し、取引先社長が泣きながら山岸さんの関与を認めるに至ったことを告げました。そのうえで次のように畳みかけます。

「そうすると、プレサンス側でこの事件に関係している人間として『一番いけなかったの、誰？』ということになると、部下さんということになるけど、それで合っているの？」

「端《はな》からあなたは社長を騙しにかかっていたってことになるんだけど、そんなことする、普通？」

「それはもう自分の手柄が欲しいあまりですか。そうだとしたら、あなたはプレサンスの評判を貶《おとし》めた大罪人ですよ」

「会社とかから、今回の風評被害を受けて、会社が非常な営業損害を受けたとか、株価が下がったとかいうことを受けたとしたら、あなたはその損害を賠償できます？10億、20億じゃ、すまないですよね。それを背負う覚悟で今、話をしていますか」

このように「他の共犯者（取引先社長）がすでに山岸さんの関与を認める供述をしてい

る」と言われたうえで刑事責任と民事責任を仄（ほの）めかされたために、ついに部下も山岸さんの関与を認め、山岸さんを事件に引っ張り込んでしまいます。

問題を知りつつも放置した特捜部

実は、検察官は部下の取調べにおいて、「まあ見た人が言うにはね、私が部下さんにその供述を無理強《じ》いししているんじゃないのか、って言うんですよ」と漏らしていました。

後にこの検察官が語るところによれば、上司の特捜部長から「自発的に供述させたほうがいい」などと注意されていたそうです。

それだけでなく、この事件の捜査には、捜査を横からチェックをする総括審査検察官という役割の人がいました。

事件の主任検察官が言うには、その総括審査検察官から「大声で怒鳴ったり、机を叩いたりする場面があった」と指摘は受けたが、同時に「ただ、それは明らかに嘘をついている場面のみだった」「任意性に問題があるものではない」と報告されていたそうです（明らかな嘘をついている人に対する取調べであったとしても、供述を強要したら任意性は欠けるので、この報告内容自体が法的に誤っています）。

いずれにしても、特捜部長と総括審査検察官という複数の人物がこの取調べを問題視していたということは変わりません。

そうであるにもかかわらず、大阪地検特捜部は組織として取調べの問題を把握しながら、それが問題ないものと判断しました。

加えて、先に供述を変遷させた取引先社長は「自分の発言が間違っていた」と供述の撤回を申し出ますが、検察官は頑《かたく》なにそれを受け付けませんでした。

実はこの時、この検察官は主任検察官に「供述撤回の申し出を供述調書に残したほうがいいのではないか」と確認したうえ、「山岸さんの逮捕は待ったほうがいい」とも進言していたのですが、いずれも主任検察官は聞き入れなかったそうです。

結局、部下と取引先社長の供述をもとに山岸さんは逮捕されてしまいました。引き返す機会があったにもかかわらず、大阪地検特捜部は当初の見立てに拘泥《こうでい》してしまったのです。

史上最多の保釈条件

逮捕・起訴された山岸さんの保釈請求は5回も却下されてしまいました。弁護団は最高裁判所まで争ったものの保釈は認められず、山岸さんは理不尽な身体拘束に苦しんでいました。

そんな山岸さんを救出するため、私たち弁護団は最後の手段に出ました。

山岸さんの家に監視カメラを設置して24時間監視すること、携帯はウェブの使えないものを貸与して通話明細をすべて裁判所に提出すること、パソコンは弁護士事務所のものしか使えないことにしてアクセス履歴をすべて裁判所に提出すること、会った人をすべて記録して裁判所に提出すること、毎週弁護士事務所に出頭して弁護士と面談し条件を遵守していることを報告すること、預金口座を凍結することなど、日本史上最多の15個にわたる保釈条件を提案したのです。

裁判所はこれらの提案を受け入れ、最終的に7億円もの保釈保証金を積むことでようやく保釈が認められました。

結局、山岸さんの身体拘束は合計248日間に及びました。

始まった反撃

釈放された山岸さんとともに弁護団会議を開くことが可能になり、開示された証拠を丁寧に分析できるようになることで、弁護団の反撃が始まります。

この事件は、簡単に言えば、

A　山岸さんの貸し付けたお金が新理事長に支払われることを知っていたら横領の共謀があり有罪

Ｂ　山岸さんの貸し付けたお金が学校法人に支払われると思っていて、新理事長に支払われることを知らなかったのであれば共謀がなく無罪

というものでした。

弁護団は、１４０時間以上にわたる部下と取引先社長の取調べの映像データをすべて文字起こしして、「新理事長の会社に支払われることが分かっていた」という両者の供述が検察官の威迫によって押し付けられていたことを発見しました。

私自身も、分厚い取調べの反訳書《はんやく》（文字起こし）や、何万通ものメール、当時作成された何千もの書類などすべての証拠に目を通しました。出てくる証拠は山岸さんに有利なものばかりで、一つも不利なものは出てこず、冤罪事件の弁護活動というのはこういうものなのかと実感しました。

決定的証拠の発見

特に決定的だったのは、「3月17日付スキーム書面」という証拠です。これは部下と取引先社長が貸付の数日前に作った山岸さん向けの説明資料であり、そこには明確に「学校法人へ支払い（貸付金）」「学校法人から18億円返金」と書かれていました。

この他にも、部下と取引先社長が学校法人に貸し付けようとしていたことを示す資料や

メールが複数見つかりました。

つまり検察が見立てた「部下と取引先社長が山岸さんに対して新理事長に貸し付けるという説明をした」という状況が存在していなかったばかりか、「これは学校法人への貸付です」と説明されていたことを裏付ける客観的な証拠が複数存在していたのです。

大阪地検特捜部は山岸さんを逮捕する前からこの3月17日付スキーム書面を入手し、その存在を知っていたのですが、部下らを脅してこれは山岸社長への説明資料ではなく、プレサンス社の顧問弁護士や経理担当者向けの説明資料だという供述を押し付けました。実際には、資料上部に「返済期日について」「返済期日の変更をお願い致します」などと書かれており、これが顧問弁護士や経理担当者ではなく貸主である山岸さんに向けて作られたことが明らかであるにもかかわらず、自身にとって不利な証拠を都合よく解釈し、見立てに沿う供述を押し付けることによってその位置づけを変えてしまったのです。

検察官は当初、裁判所に対し、契約書などの客観的証拠を11点しか証拠調べ請求しませんでした。これに対し、弁護団は客観的証拠219点、メール371通の証拠調べ請求を行ないました。大阪地検特捜部の描いた絵を、弁護団が描き直したのです。

裁かれるべきは大阪地検の「理不尽」である

検察官は、取引先社長の供述調書を請求してきましたが、裁判所は検察官が「新理事長と同じくらい情状が悪い」という趣旨の威迫を行なったことを踏まえてこれを却下しました。

残った検察官側の有罪の証拠が山岸さんの部下の証言だけになったところで、その部下を威迫する取調べの録音録画が採用されて法廷で上映されました。

そのうえで、弁護団による弁論が行なわれました。その最後の一節は次のようなものでした。

「248日。山岸さんが身体拘束をされた日数である。本件に関わった検察官たちは、山岸さんが一体どのような思いで、この248日間を過ごしたか、想像したことがあるだろうか。閉ざされ、外部から遮断された狭い空間の中で、1日24時間、とどまることなく、検察官による「理不尽」が、全身に襲いかかってくる。それが248日にわたり、続くのである。自由だけでない。その「理不尽」は、山岸さんの名誉、地位、信用、財産を奪い、傷つけたのである。同時に、この冤罪は、山岸さんが背負っていたプレサンス社をも危機に陥れたのである。「あなたはプレサンスの評判を貶めた大罪人ですよ。…あなたはその損害を賠償できます？ 10億、20億じゃ、すまないですよね。

それを背負う覚悟で今、話をしていますか」。部下にこう迫った検察官に、深刻な冤罪被害の責任を負うだけの覚悟はあったのであろうか。本件で真に裁かれなければならないのは、大阪地検特捜部による「理不尽」そのものなのである」

無罪判決

私は元裁判官として、山岸さんを弁護していた間に自分でも有罪・無罪両方の判決文を何度も書いて検証していたのですが、どう頑張っても有罪の判決文は書くことができないと思い、無罪判決を確信していました。

それでも、判決宣告はとても緊張しました。

裁判長が「主文。被告人は無罪」と告げた瞬間、私は頭が真っ白で、それがどんな意味だかすぐには分かりませんでした。一拍置いて、傍聴席から「よっしゃ!!」という歓声が起こり、私は無罪判決が宣告されたことをようやく実感しました。法廷中に拍手が起こる中、誰かが「すげえ……」と呟《つぶや》いたのも聞こえました。山岸さんはギュッと目をつぶり、何度も頷《うなず》いていました。

裁判所は部下に対する取調べにおける検察官の発言について、「このような検察官の発言は、部下に対し、必要以上に強く責任を感じさせ、その責任を免れようとして真実とは異なる内容の供述に及ぶことにつき強い動機を生じさせかねない」と批判しました。

最終的に、検察官は控訴することなく、無罪判決が確定しました。


「私が冤罪の被害に苦しめられた最後の一人になりたい」


無罪判決確定後、検察庁から山岸さんに対する謝罪はありません。それどころか、検察庁による冤罪の原因検証もありませんでした。

このままではまた同じような冤罪事件が作られてしまう、私たちはそう感じています。

そこで、我々は国家賠償請求訴訟を提起しました。

国家賠償請求訴訟において、山岸さんは次のような意見陳述を行ないました。

「冤罪によって、私は多くのものを失いました。

私が創業し、東証一部上場企業に育て上げたプレサンスコーポレーションは、私の逮捕・起訴によって、倒産の危機に瀕しました。私にとって子ども同然の会社です。そして、会社は、従業員・取引先・株主はじめ関係者の方々の生活や事業と密接に結びついています。

私のせいで会社を殺し、関係者の方々にご迷惑をおかけするわけにはいきません。だから、私は会社の代表を辞任し、株も手放しました。また、冤罪事件に巻き込まれたことで、私は莫大な経済的損失も負いました。この裁判で損害として計上したもの以外にも、多くの損害が発生しました。

さらに、逮捕起訴されたことで、手掛けていた事業や、これから手掛けるはずだった事業が頓挫《とんざ》しました。このような出来事を踏まえても、私自身は、これからの人生を有意義なものにすべく、前を向いて歩いて行きます。

しかし、冤罪でこれだけの被害が出たにもかかわらず、あたかも何も起こらなかったかのように検察は沈黙しています。このまま私が黙っていれば、きっとこの冤罪事件はなかったものとして忘れ去られるでしょう。

誰にだって間違いはあります。検察もそうです。どれだけ優秀な人間がどれだけ一生懸命にやっても、人間である以上、ミスからは逃れられません。ただ、ミスをしたときに、そのことを認め、その原因を検証し、改善策を講じなければ、再び、同じ過ちが生じてしまいます。

私が何より許せないのは、私に対する事件が証拠の無視と無理な取調べによって捏造されたものであることについて、検察が何も反省していないことです。これまで謝罪の言葉もありませんし、原因の究明や再発を防止するための方策を講じられてもいません。

普通の企業であれば、不祥事が起こったときに第三者の調査を入れるなどして、原因と再発防止策を講じます。これは組織として当たり前のことです。国の機関は、それをしなくてもいいのでしょうか。

私の無罪判決後、多くの方から「約10年前に大阪地検特捜部が起こした村木事件*と同じ構造だ」とのご指摘をいただきました。私の冤罪事件こそが、まさにミスにきちんと向き合って改善を行なわなかったことで再び生じた「同じ過ち」そのものだったのではないでしょうか。私はこの「同じ過ち」をさらに繰り返させたくありません。私が冤罪の被害に苦しめられた最後の一人になりたい、そう思っています」（*「村木事件〈厚労省元局長冤罪事件〉」については54ページコラム参照）

冤罪を作った検察官の証言

この山岸さんの思いをもとに、私たち国家賠償請求訴訟の弁護団は検察官4名の証人尋問に臨みました。

部下を取調べた検察官は、国家賠償請求訴訟の証人尋問において、机を叩き長時間怒鳴るような取調べをした理由について次のように語りました。

「（山岸さんの部下が）まずそもそもきちんと事実をしゃべろうという意思もなく、取調べにも向き合おうという意思がないように見受けられましたので、まずはきちんと私の話に正面から向き合ってもらえるように、そういうことをする必要があるという自覚を持ってもらえるようにする必要があるというふうに思いました」

「弁解を重ねるような態度に出たので、これはもうまったくその嘘であることの確たる証拠を突きつけられても、まったくその供述態度を改めるというか、そういった姿勢はなかったので、真摯《しんし》にあるいは誠実に向き合ってる姿勢がないなと。これではまったく取調べがしっかりできないなと思いました。そこで私はここでもきちんとその嘘を嘘ということをきちんと認めさせるなどしないと、部下からしっかりした供述は得られないと思って、そういった姿勢をきちんと持ってもらうために、このような行為に出ました」

「『なめんなよ』というのは本当に不穏当な言い回しなんですが、そういった言葉を使って本人にとにかく真摯に取調べに向き合ってほしいって思いでこういった言葉を言いました」（読みやすさのために表記を一部修正し、改行を加えた＝編集部）

つまり、山岸さんの部下は本当のことを話していたにもかかわらず、検察の見立てに合わなかっただけで誠実でないとみなされ、机を叩いて脅すような取調べが行なわれてしまったということです。

繰り返されていた過酷な取調べ

この証言に続いて行なわれた主任検察官の証人尋問で、主任検察官は当初、「(自身は)机を叩くような取調べを過去に行なったことはない」と証言していました。

ところが、弁護団は驚くべき情報を入手しました。

この主任検察官も、過去の別事件で同じような大声を出して机を叩く取調べを行なっていたというのです。しかもその事件で、主任検察官は証言台で自ら机を叩く取調べを行なっていたことを認め、裁判所は供述調書の証拠能力を否定していました。さらにその際、主任検察官はそのような取調べをした理由について、次のとおり証言していました。

「取調べ相手の方が、投げやりな態度といいますか、事件と向き合ってちゃんと、きちっと事実を思い出していこうという姿勢を見せていないといいますかという感じの態度が何度かありましたので、きちっと事件と向き合ってほしいということで、もう、いいかげんにしてくださいということで、こちらも真剣に向き合ってるんだからということを分かってもらうために、大きな声を出したり机を叩いたことはありました」

つまり、「事件や取調べと向き合ってほしい」という同じ理由で、机を叩き大声を出す取調べが繰り返されていたのです。このような感覚を持ち、過去に似たような取調べを行なっていたからこそ、主任検察官は総括審査検察官から取調べの問題について報告を受けていたにもかかわらずそれを問題視しなかったのではないでしょうか。

結局、主任検察官は、弁護団から過去の事件の記録を突き付けられて証言を撤回し、「今、丁寧に見せていただいたので思い出しました」などと過去の取調べを認めました。

さらなる戦い

国家賠償請求訴訟と同時に、私たちは取調べをした検察官について、特別公務員暴行陵虐《りょうぎゃく》罪などの罪で刑事告発しました。

そして、この取調べの当事者の一人である山岸さんの被害について、きちんと事情聴取してほしいと担当検察官に申し出ました。しかし、担当検察官は「検察官はサービス業ではない」などと述べ、山岸さんの話を聞かずに取調べをした検察官らを不起訴処分としました。

私たちは検察の不起訴処分を覆すために、裁判所への「付審判請求《ふしんぱん》」を行ないました。付審判請求というのは、特別公務員暴行陵虐罪などの権力乱用に関する犯罪は捜査機関が身内を庇《かば》って起訴しないおそれがあるため、裁判所に刑事裁判に付することを求めるというものです。

しかし、大阪地方裁判所は「情状に照らせば不起訴処分は結論において相当」という、要するに起訴猶予すべき事案だとして刑事裁判に付しませんでした。

この大阪地裁決定は、検察官の取調べについて特別公務員暴行陵虐罪の嫌疑を認め、「録音録画された中でこのような取調べが行なわれたこと自体が驚くべき由々《ゆゆ》しき事態である」と判示した点において画期的なものでした。しかしその一方で「冤罪を作り出した罪が起訴猶予で果たして相当なのか」という問題を残しました。

そこで、私たちは大阪地裁の決定に対して不服申立て（抗告）をして、大阪高裁にさらなる判断を求めました。

史上初の大阪高裁決定

そうしたところ、大阪高等裁判所（村越一浩裁判長、畑口泰成裁判官、赤坂宏一裁判官）は次のとおり決定しました。

「事件を大阪地方裁判所の審判に付する」

要するに、検察官を刑事裁判に付するということです。

そして、その判断理由として次のとおり述べました。

「検察官は、独任制の官庁として、必要があれば自ら犯罪を捜査することができる（刑訴法191条）とともに、公訴権を独占し（同法247条）、広範な訴追裁量を有する

（同法248条）など、刑事司法において強大な権限を有しており、その権限は法令に忠実に則《のっと》り行使されなければならず、その責務は特に重いと言わなければならない。

検事は、（2019年12月）8日の取調べの際には、本来であれば、被疑者から話を聞くべき場であるのに、被疑者である部下が話そうとするのを遮《さえぎ》るなどして、約50分間にもわたり、机を叩き、怒声ともいえる大声を上げ、威圧的、侮辱的な言動を一方的に続けており、相手に与える精神的苦痛の程度には軽視できないものがある。しかも、翌9日にも、部下に前日の取調べによる心理的影響が残っているとみられる中、前日に引き続いて侮辱的な発言に及び、また、両日にわたってその職務権限を背景に、検察官に迎合する虚偽供述を誘発しかねない言動に出ている。このようなことからすれば、本件の犯情が軽いとは到底いえない。

原決定は、捜査官の取調べにはさまざまな手法による裁量が認められるなどというが、本件のような言動は、取調官の職権行使の範疇《はんちゅう》に収まらない不法なものであることは明らかである。

検事は、9日以降の取調べにおいて、声を荒げたことを気にしている言動を部下に対して示す態度こそみられたものの、少なくとも大変なことをしてしまったという態度は示しておらず、自己の言動の問題の大きさについて、深刻に受け止めていた様子はうかがわれない。

本件取調べは、録音録画されており、検事も、取調べ開始のたびに録音録画がされている点を部下に繰り返し説明するなどしており、事後的に検証されることを十分理解している中で、このような言動が行なわれている。そして、検事の取調べについての録音録画をしかるべき時期に確認したであろう他の検察官も、本件取調べについて問題視し、検察庁内部で適切な対応が取られた形跡はうかがえない。

この点、原決定が、『録音録画された中でこのような取調べが行なわれたこと自体が驚くべき由々しき事態である。』と述べているのは、当裁判所も同じ問題意識を持っているが、さらに言えば、検事個人はもとより、検察庁内部でも深刻な問題として受け止められていないことがうかがわれ、そのこと自体が、この問題の根深さを物語っている。

もとより、検事に本件陵虐行為についての違法性の意識がない、あるいはこれが乏《とぼ》しいということがあったとしても、検察官の職責の重さを考えると、少なくとも犯情を軽くするものでないことは明らかである」

「本件取調べは、被疑者をして検察官に迎合させ、虚偽供述が誘発されかねない危険性の高いものであり、このような取調べは今後繰り返されないようにすべきであるという一般予防の要請も高いものがある」

「録音録画により、取調べの際の言動が正確かつ子細に確認できるようになっている現状において、本件につき付審判請求を認めないことの意味は、原決定が考えるよりも大きいものがある」

「以上のとおりであって、陵虐行為該当性の嫌疑が認められる本件事案においては審判に付すべきであり、これとは異なる原決定の判断は失当《しっとう》である」

このとおり、大阪高裁は検察官の職責の重大性に加えて、検察庁の組織としての取調べに対する問題意識の希薄さやこの問題の根深さにも照らし、取調官の行為について刑事裁判に付したのです。

私の心に響いた「補論」

この大阪高裁決定には続きがありました。裁判所が「補論」を付したのです。この補論は私が今まで受け取った決定文の中でも特に心に残った文章でした。

補論(1)これまでに付審判請求が認容された事例をみると、本件とは類型を異《こと》にするものがほとんどである。その背景には、捜査官による取調べは真実追及の場面であり、厳しく被疑者に迫るのは当然のことであるとの考えが、捜査の一翼を担《にな》い、被疑者取調べを担当する検察官に根強く残っており、そのことが、公訴官としてこの種事犯《じはん》を立件、起訴する場面での意識の低さにつながっていたように思われる。

より大きな要因としては、取調べ状況の録音録画が導入される前は、取調べにおける捜査官の言動が、往々にして言った言わないの「水掛け論」になり、非言語的なニュアンスも含め、取調べでのやり取りを正確に把握することがかなり困難であったということも、犯罪の成否に関し、公判立証に耐え得る程度の嫌疑の存在を認める上でのネックになっていたと考えられる（その意味では、録音録画制度の導入の持つ意味は大きい）。
（2）かつて大阪地検特捜部における一連の事態を受け、「検察の在り方検討会議」が立ち上げられ、平成23年3月に、「検察の再生に向けて」という提言が取りまとめられたが、その中では、検察官の職権行使に関し、次のような指摘がされている。
検察官は、捜査活動を通じて真相を解明する捜査官としての権限と、起訴・不起訴を決し公判活動を行なう公訴官としての権限とを併《あわ》せて有しているところ、いずれの権限をも、おろそかにすることなく、公正かつ適切に行使しなければならない職責を負っている。このような職責を全《まっと》うするためには、検察官が自ら捜査活動に従事する過程で、捜査官として処罰の実現を追求するあまり、公訴官として期待されている冷静な証拠評価や法律問題の十分な検討などの役割を軽視してはならない。

検察官は、警察などからの送致・送付事件においては、警察などの行なう捜査をチェックしつつ自ら捜査・公訴提起を行なうのに対し、特捜部の独自捜査においては、捜査の初めから公訴提起までを特捜部に所属する検察官のみが担うため、いわば「一人二役」を兼ねることとなる。そのため、特捜部の独自捜査では、検察官の意識が捜査官としての側面に傾きがちになって捜査に対する批判的チェックという公訴官に期待される役割が軽視されるという危うさが内在していると考えられる。

取調べは、それが適正に行なわれる限りは、真実の発見に寄与するものであり、被疑者が真に自己の犯行を悔いて自白する場合には、その改善更生に役立つとの指摘もある。しかし、その一方で、取調べには、取調官が自白を求めるのに熱心なあまり過度に追及的になったり、不当な誘導が行なわれたりして、事実とは異なる供述調書が作成される結果となる危険性も内在する。

特に、社会状況や人々の意識の変化により、取調べによって供述を獲得することが困難化しつつある中において、検察官が証拠獲得へのプレッシャーを感じ、無理な取調べをする危険がより高くなっており、今般の事態は、まさにその危うさが露呈したものにほかならない。（中略）一般の国民が裁判員として刑事裁判に参加するようになったことなどを含め、検察、ひいては刑事司法を取り巻く環境は大きく変化した。人権意識や手続の透明性の要請が高まり、グローバル化、高度情報化や情報公開などが進む21世紀において、「密室」における追及的な取調べと供述調書に過度に依存した捜査・公判を続けることは、もはや、時代の流れとかい離したものと言わざるを得ず、今後、この枠組みの中で刑事司法における事実を解明することは一層困難なものとなり、刑事司法が国民の期待に応えられない事態をも招来《しょうらい》しかねない。

このような提言なども踏まえ、法制審議会・新時代の刑事司法制度特別部会が設けられて調査審議が行なわれ、その結果に基づき、その後の刑事司法制度改革が進められた。その中で、取調べの録音録画の導入が決定され、検察官独自捜査事件については、取調べの全過程が録音録画の対象となったものである（刑訴法301条の2第1項3号、4項）。

立案担当者の解説によると、その趣旨は、「被疑者の取調べなどが専ら検察官によって行なわれるため、被疑者の供述が異なる捜査機関による別個の立場からの多角的な質問などを通じて吟味される機会に欠けることとなり、取調べなどの状況をめぐる争いが生じた場合、裁判所は、その判断に当たり、異なる捜査機関に対する供述状況を踏まえることができず、司法警察員が送致し又は送付した事件と比較して判断資料が制約されることとなる」とされている（法曹時報70巻2号76頁参照）。
今回の事案が、上記のような経緯を経て導入された録音録画下で起きたものであることを考えると、本件は個人の資質や能力にのみ起因するものと捉えるべきではない。あらためて今、検察における捜査・取調べの運用の在り方について、組織として真剣に検討されるべきである。

（読みやすさのために、フリガナ、改行などを適宜加えた＝編集部）

この「補論」は、二度と同じような冤罪事件を起こしたくないという山岸さんと私たち弁護団の思いが裁判所に伝わった証《あかし》だと思います。

大阪高裁がこのように判示した意義はとても大きく、取調べの在り方を変えるかもしれない、日本の刑事司法の歴史に残る決定文だと感じています。

また、この決定に続けて、並行して国側に取調べ録音録画の提出を求めていたことに関して、２０２４年10月16日、最高裁判所はその文書提出命令を認めました。これは日本で初めて最高裁判所が取調べの録音録画の提出を国側に命じたというもので、司法における重要な判例ができたということになります。

このように、私たちはプレサンス元社長冤罪事件を通じて、冤罪防止という願いを実現できるよう日々尽力しています。

残された課題

すでに書いたとおり、プレサンス元社長冤罪事件について検察庁は謝罪も検証もしていません。

犯罪に当たるような取調べを組織的に把握しながら問題視されなかったことについては、きちんと原因検証がされなければならないと思います。

刑事裁判に付された取調検察官も反省や謝罪をしておらず、無罪判決の感想について国家賠償請求訴訟の証人尋問において次のような証言をしています。

「非常に残念な判決だと思いました」

「(「残念」という言葉の意味を問われて)少なくとも私の心証とすれば起訴、そして有罪を維持するにも十分ではないかという私なりの感覚はございましたので、後は公判検事がしっかり立証してくれるんだろうというふうに思っていましたが、そこは私が取調べを担当した部下さんが証言に出て、そこでも取調べ段階の供述に沿う事実を証言したにもかかわらず、その信用性を否定され無罪判決が出されたということについてです」

このように検察官個人としても検察庁という組織としても何も反省がない状態では、また同じような冤罪事件が生まれてしまうでしょう。

教訓を届ける意味

私は、再発防止策の第一歩として、このような取調べや捜査の実態をきちんと世に知らしめる必要があると考えました。

日本には真面目に取調べをしている警察官や検察官がたくさんいます。彼らが同じような失敗を繰り返さないように、きちんと今回の冤罪事件の教訓を届けなければなりません。

また、取調べには供述強要の危険があるという具体例を示すことで、黙秘や弁護人立会いが必要であることを一般市民の皆様にも広めなければならないと思っています。

加えて、取調べの可視化はその対象が全事件の約3％にとどまっており、可視化対象事件でも全過程の一部が録音録画されるにすぎず、任意聴取、証人テスト（証人尋問の事前準備として事実関係を確認すること）や参考人聴取については可視化されません。全事件・全過程の可視化が必要です。取調べが長すぎると全ての録音録画の分析や弁護人が取調べに立ち会うことも現実的には困難になりますので、取調べ時間を短縮し、供述依存型捜査から脱却する必要があります。

他にも、取調べに関するガイドラインを整備しなければならないと思います。日本では取調べ技術が捜査官個人の経験のみで磨かれ、ＯＪＴ（On the Job Training 実際の業務を通じての指導）によって伝承されており、どのような取調べが良くて、どのような取調べが悪いのかという科学的・専門的な研修や研究がまったく疎《おろそ》かにされてしまっています。

さらに、このような違法な取調べが行なわれたとしても、冤罪当事者や弁護士が刑事裁判で開示されたその録音録画映像を公表すると、開示証拠の目的外使用禁止規定（刑事訴訟法281条の4・5）という悪法によって処罰されてしまうおそれがあります。

私たちは刑事裁判で録音録画を入手し、手元で保管しているものの、国側が民事裁判でそれを提出しないかぎり、それをメディアに公表したり、冤罪原因の検証に使ったりすることもできなければ、山岸さんの損害回復のための国家賠償請求訴訟で使ったりすることもできなかったのです。国が犯罪に当たるような取調べをしているのに、それを公表すると私たちのほうが犯罪になってしまうというのです。最高裁が文書提出命令を下した結果、私たちはこの録音録画を国側に提出させることができましたが、そもそもこの開示証拠の目的外使用禁止規定は法治国家としてひじょうに不健全な法制度であり、例外規定を設けるなど早急な法改正が必要です。

私たちは、プレサンス元社長冤罪事件から冤罪の原因や刑事司法の不備を学び、それらを改善することで、将来の冤罪防止を実現していかなければならないと思います。

「冤罪学」の誕生

「もう2度とこんな事件が起きないようにしたいんです」

私は山岸さんにそう誓いました。

その日から、冤罪を防ぐ方法を考えつづける日々が始まりました。

そして、日本の刑事司法関係者が過去の冤罪事件の教訓を学ぶ基盤を作るために、世界中の冤罪に関する知識を集めて体系化したのが「冤罪学」でした。

冤罪を防ぐために大事なことは、冤罪の原因を分析し、対策を立てることです。どんなに優秀な人であっても、またどんなに訓練を積んだ人であっても間違える可能性があるのであれば、冤罪は個人的な努力だけでは解決できません。冤罪が起きない、あるいは起きづらいようなシステムを構築することが何よりも重要だと考えています。

そして、冤罪の原因は世の中のありとあらゆる間違いの原因、失敗の原因とも共通しています。そのため、冤罪を減らすためには、「なぜ人は間違えるのか」という問題から考えなければなりません。

コラム1　村木事件（厚労省元局長冤罪事件）

２００９年６月、当時、厚生労働省局長であった村木厚子《むらきあつこ》氏は障害者団体向け郵便料金割引制度の悪用事件で、虚偽有印公文書作成・同行使罪を犯したとして大阪地検特捜部に逮捕された。

村木氏は逮捕直後から一貫して、容疑を否認していたが、検察側は障害者団体が有力国会議員の斡旋で厚労省に証明書発行を依頼したと主張して懲役１年６月を求刑した。

裁判では検察側の証人の大半が捜査段階の供述調書の内容を否認し、２０１０年９月、大阪地裁は無罪判決を言い渡した。

この判決の直後、大阪地検特捜部の主任検事が証拠である文書ファイルのプロパティの作成日を書き換えていたことが判明した。これを受けて、主任検事が証拠隠滅《いんめつ》罪で有罪になったのみならず、同部部長および副部長が部下の不正行為を知りながらこれを匿《かくま》ったとして、犯人隠避《いんぴ》罪で有罪となった。

第3章　なぜ人は間違えるのか

(1) 思い込みが冤罪を作る

冷蔵庫のプリンを食べたのは誰だ

「お父さん、冷蔵庫にあった私のプリン食べたでしょ！」

誰もが一度はドラマや映画で見たり、聞いたりしたことがあるシチュエーションではないでしょうか。いや、読者の中には自身がその当事者になったという人も少なくないはずです。

実は、私もこの事件の被害者になったことがあります。本当のことを言うと、私がお父さんのプリンを食べた加害者になったこともあります。

お父さんが冷蔵庫にあった子どものプリンを食べた場合、子どもの財物を窃取しているわけですから、お父さんは「他人の財物を窃取した者」にあたり、窃盗罪（刑法235条）が成立します。法定刑は「10年以下の懲役又は50万円以下の罰金」です。

ただし、窃盗罪には親族間の犯罪に関する特例（刑法244条1項）というものがあり、配偶者、直系血族又は同居の親族との間で窃盗罪を犯した者についてはその刑が免除されることになっています。

ここで、実際にはお父さんではなく、お母さんが間違って食べてしまっていたということもありえるでしょう。この場合、お父さんは犯人ではないのに疑われ、濡れ衣を着せられてしまっており、冤罪が生まれてしまったということになります。

このように、刑法や冤罪は意外と身近なものなのです。

ではなぜ子どもは「お父さんが犯人だ」と思ってしまったのでしょうか。子どもに事情聴取をしたところ、次のような回答があったとします。

「お父さんは以前にも勝手に私のプリンを食べたことがあったし、お母さんは勝手に私のものを食べたりなんてしないから、お父さんが犯人に間違いない」

このような事件について、次の3つの問題点を指摘することができます。

その1　誰も犯行を目撃していない

子どもは目撃者ではなく、お父さんが犯人かもしれないという推測を述べているにすぎません。本来、このような供述は証拠としての価値がありません。

しかし、実際の捜査の際にも被害者にはまず事情聴取をしますので、このような推測に基づく供述が先に立つことがよくあります。確かに、当事者であり事件のことを一番よく知っている人の推測は当たっていることも多いのかもしれません。

一方、お父さんとしてはこの推測が外れているという証拠を提示することがとてもむずかしい状況にあります。なぜなら、自分が無実であるという証明は「悪魔の証明」だからです。

悪魔の証明とは

悪魔の証明（devil's proof）とは、証明が不可能または困難であることを言う慣用句ですが、事実が「ないこと」の証明がその典型例として挙げられます。

悪魔は存在しませんが、それは悪魔の存在を証明することができないというだけで、悪魔が存在しないことまで証明するものではありません。このように、「ないこと」の証明は本質的に困難なのです。

たとえば、「白いカラスはいる」というような「あること」の証明はアルビノ（遺伝子疾患により体が白い個体のこと）のカラスを1羽見つければ足りますが、「金色のカラスはいない」という「ないこと」の証明は世界中のカラスの羽根の色が金色以外であることを確認する必要があり、現実的には証明が不可能です。

それと同様に、ある人が犯人であるという「あること」の証明はその人が犯人であることを指し示せば足りますが、自分が犯人ではないという「ないこと」の証明は自分の行動経過（アリバイ）を現実的にはすべて示すことができない以上、とてもむずかしいことになります。

今回の場合ですと、今日はずっと仕事をしていたなどとアリバイを主張したとしても、誰も見ていない早朝に食べてしまったなどと疑われるかもしれません。「お父さんは食べていないから、きっとお母さんが真犯人だ」と第三者の犯行可能性を主張したとしても、お父さんがお母さんの犯行を裏付ける証拠を提示することは困難です。

推測を否定するだけの証拠が提示されないことによって、子どものお父さんに対する疑念は払拭されず、かえって強まっていってしまうこともあるでしょう。

その2　性格や過去の事実に基づく推測の危険性

二つ目に、前にもお父さんに盗み食いされたというようないわゆる前科のような証拠は、悪性《あくせい》格《かく》証拠と呼ばれ、判断を誤らせる危険があるとされています。

人間は、よく性格から他人の行動を予測します。優しい人であれば電車でお年寄りに席を譲るだろうし、電車でお年寄りに席を譲っている人を見れば優しい人だと考えます。

それとは逆に、過去に何らかの罪を犯した人であれば、再び罪を犯しても不思議ではないと人間は考えてしまいがちです。そうした過去の悪い行動から、犯人とみなされてしまう危険があるのです。

しかし、過去に盗み食いをした人がふたたび盗み食いをするとは限りません。そもそも過去の盗み食いにしても、自分のプリンだと思って間違えて食べたというような事情があったのかもしれませんし、前回、子どもに怒られたことで反省して二度と盗み食いはしないかもしれません。

心理学的にも、性格という尺度が未来の行動を予測したりする力は小さいと言われています。また一般的に「性格」と言われるものも、その人を外から観察して判断された印象にすぎません。知人だからと言って、その人の心の内側まで理解しているか分からないのですから、そうした知人の証言（印象）から犯罪を行なうかどうかは判断できないことになります。

そのため、今回の場合だと「お父さんは前にも勝手に私のプリンを食べたから今回も私のプリンを食べたのはお父さんのはずだ」とまでは言えません。
最高裁判所の判例も、このような悪性格立証を制限しています（最判平成24年9月7日刑集66巻9号907頁）。

「アナザーストーリー」の見落とし
その3　お父さん犯人説以外の可能性を見落としている

三つ目に「お母さんはそんなことをしないはずだ」という推測の根拠は薄弱です。それなのに、お母さんが子どものものだと知りつつもプリンを食べたり、間違って食べたりしたという「お母さん犯人説」を思い込みによって排除してしまっているという問題があります。

お父さん犯人説に対するお母さん犯人説のような反対仮説は、刑事裁判では「アナザーストーリー」と呼ばれています。

そして、思い込みから視野が狭くなってしまう、いわゆる「トンネル・ビジョン」（あたかも暗いトンネルの中にいるような視野狭窄）に陥ることで、このアナザーストーリーが見落とされてしまう結果、冤罪は生まれてしまうのです。

以上より、今回モデルにした事件では、

誰も犯人を目撃していないという証拠がない事件であったこと
性格や過去の事実に基づく不確かな推測によって犯人を特定したこと
お父さん犯人説以外の可能性を見落としてしまったこと

が原因となって、犯人を間違えてしまったということができるでしょう。
実際、刑事裁判では、上記のような間違いの原因に対し、

単なる推測を述べる証人は証拠として採用しない
悪性格に関する証拠は原則として採用しない
アナザーストーリーの合理的疑いが拭えない限り有罪判決を下さない

といった対策がとられています。

このように、人間の直感的・印象的判断は誤ることが多々あり、それは日常生活の中にもあふれています。そして、それは実際の刑事事件においても同じです。警察官、検察官のような捜査機関のほか、弁護士も裁判官も、人は誰でも間違える以上、今回の子どもと同じように犯人を間違えてしまうことがあるのです。

(2) バイアスという「落とし穴」

人間は間違いから逃れられない

それでは、なぜ人は間違えるのでしょうか。

そもそも、人間は自分が持っている知識と、五感で得た情報を照らし合わせて外界の状況を推定し、情報にずれがあればそれに基づいて外界の推定を修正していく生き物だと言われています。しかし、人の認識というのは、脳の中で考えたり感じたりしているものにすぎませんから、現実と異なることがあります。

一方で、人間の考え方や感じ方には進化を通じて生まれた癖(傾向)があります。そのため、人間全般に共通する認知における「間違いの傾向」が見つかることがあります。これがバイアスと呼ばれています。

人間が生き物である以上、バイアスからは逃れられません。

人間は進化の過程を通じて生存するためにこのバイアスを身につけていきました。人間には生き残るために有利な能力や機能が備わっていったのですが、それは必ずしも現実をあるがままに認識することではありませんでした。

たとえば、それがたとえ不正確であったとしても直観的な判断方略に頼ることによって迅速な情報処理を行なうことができ、そのような状況判断によって危機から逃れることができたり、他者とうまく協力することができたりしたのです。

人間の脳には進化過程における生存競争のもたらしたバイアスの集積があります。合理的で冷静な判断をする一方で、印象的で瞬間的な判断をする思考回路も共存しているのです。

人の心には「盲点」がある

裁判官もこのバイアスから逃れることはできません。

たとえば、アメリカでは現役の裁判官95人が参加したバイアス実験があります。この実験では、「ある鉄道会社が国家運輸安全委員会から危険とされた区間を改善するように命じられたが、それに抗議している」という事例を読んだ裁判官をグループ分けし、一方のグループでは追加で「20年間その区間で事故が発生していない」というストーリーが示され、他方のグループには「事故が発生して近隣の住民や企業に損害が生じた」という後知《あとぢ》恵《え》の事実（事後に分かった事実）が追加で示されたうえで、裁判時における重大事故の発生リスクなどを算定することが求められました。

その結果、後者の後知恵グループは、重大事故が発生するリスクを前者のグループのほぼ2倍と評価しました。

このように、人間には新しく知ったことであってもその事実を知る前から知っていたと思ってしまう「後知恵バイアス」があり、後知恵によって「最初からそうなると思っていた」と考えてしまう傾向があります。

この実験では、一般人に比べて影響度合いは小さいものの、裁判官も後知恵バイアスに影響されることが示されました。裁判官はできるかぎり思い込みや先入観を排して、物事を判断するというトレーニングを日々の仕事を通じて行なっていますし、実際にそうすべきだと心得ているはずなのですが、実際には本人すら自覚していないバイアスに囚われてしまうわけです。

このことが示すように、人間の脳の働きはつねにバイアスを伴うものであり、それゆえに自分がバイアスに囚われている自覚すら持ちにくいというわけです。これは「バイアスの盲点」と呼ばれています。

盲点とは本来、人間の視覚に関する用語です。人間の網膜上には視神経が通り、これが脳までつながっていますが、その視神経は網膜上の1点に集まって、そこから脳につながっています。つまり、その部分には視細胞が存在しません。人間の視覚にはつねに欠落した部分があるのですが、脳での視覚処理がその盲点を感じさせないようにカバーするので、盲点の存在を自覚することがむずかしいと言われています。

それと同様に、人間のバイアスについても脳が隠してしまうのです。これがバイアスの怖いところです。

「確証バイアス」の罠

現代の認知心理学は、人間の判断はさまざまなバイアスによって左右されており、人間はさまざまなバイアスを通じて世界を認識しているということを明らかにしています。特に有名なバイアスは「確証バイアス」と呼ばれるものです。

確証バイアスとは、自分の予想や期待に合致《がっち》する情報を選択して認知する傾向のことを言います。

人間は、つねに予測を立てながら生活しています。たとえば、私たちは映画を見ているとき、登場人物がどのような性格で、どのような感情を抱いているのかということを認識したうえで、これからその映画がどのような展開になるのかということを漠然と予想しながら見ています。自分の予想に沿う展開になりそうな兆候があると、「やっぱり自分の予想は合っていた！」と特にその種の事実を頭にインプットしてしまう傾向があるのです。

また、自分の予想や期待が正しいと思い込み、予想や期待に沿わない伏線を見過ごした結果、最後にどんでん返しを受けることもあるのです。

このような確証バイアスによって、人間は予測に関連する情報を効率よく集めることができます。確証バイアスがなければ、情報の選別に時間がかかったり、情報に注意が向かなかったりする結果、即座の判断がむずかしくなってしまうかもしれません。

しかし、その一方で確証バイアスは予測の「決めつけ」をもたらすものにもなります。

人はなぜ血液型診断を信じるのか

その典型例としては、「血液型による性格診断」が挙げられます。日本では、A型は神経質で几帳面《きちょうめん》、B型は自己中心的、O型は大雑把、AB型は二面性があるなどと、血液型が性格を決定づけるという俗説があります。これは昭和初期に提唱された血液型気質相関説という仮説がもとになっています。

しかし、３００以上の追試研究が行なわれ、医学的、心理学的にこの仮説は否定されるに至りました。血液型とその人の性格とは何の関係もないのです。しかし、今なお多くの日本人が血液型と性格の関係性を信じています。

その原因としてさまざまな可能性が指摘されていますが、たとえばA型の人は神経質で几帳面だという信念を有していると、確証バイアスによってその信念に合致するA型の人の行動が目に入るようになり、「やっぱりA型の人は神経質で几帳面なのだ」と元々の信念を確証されてしまうということが原因の一つとして挙げられています。本当はB型でもAB型でもO型の人にも「神経質で几帳面」な部分はあるはずですが、「A型は神経質で几帳面」という思い込みがあると、A型の人のそのような側面は目に留まる反面、他の血液型の人たちが神経質であったり、几帳面であったりという側面は無視されたり、軽視されてしまうのです。

黒の捜査、白の捜査

捜査機関が特定の人物を犯人と見立てて捜査をした場合、確証バイアスによって、その見立てに沿って捜査情報が認知されてしまうことになります。そのため、その人物が犯人であることを裏付ける情報や証拠のほうが積極的にインプットされ、別人が犯人であるというような情報や証拠は見落とされてしまうおそれがあります。

捜査機関が確証バイアスに囚われてしまった場合、その見立てばかりを追求する捜査が行なわれてしまいます。

冤罪事件では、しばしば捜査機関が自らの見立てを裏付ける証拠を収集する「黒の捜査」のみが行なわれ、自分たちが犯人だと思っている人は犯人ではないかもしれないという「白の捜査」が行なわれなくなることがあります。過去にも、日本では見立てに基づいてまずは被疑者を逮捕して自白させ、それから裏付捜査に移行するという傾向が問題視されていました。

たとえば、2012年にはインターネット上で殺害予告をしたとして4人が逮捕され、うち2名は自白までしていたところ、後にそれらすべてが別の人物の遠隔操作によって引き起こされたことが判明した「パソコン遠隔操作事件」という冤罪事件があります。

そのうち、神奈川県で起きた事件では「夏休み前に横浜市保土ケ谷《ほどがや》区のX小学校に猟銃と包丁で完全武装して入り、生徒、教師を殺す」という書き込みが横浜市のHPにあるとの通報を受け、警察は犯行に使用されたIPアドレスからプロバイダに照会を行ない、その契約者がAさんの父親であることを割り出しました。その契約者所在地（東京）にはAさんが一人暮らしをしており、Aさんのパソコンを他の人が使用することはないことも分かりました。そこで、警察はAさんが犯人であると見立てました。

もっとも、ネット回線の契約者というだけでは直ちにAさんが犯人であるとまでは言えず、たとえば隣の住人が回線にタダ乗りした場合など他の可能性も考えられるところです。

実際に、警察内部でもIPアドレスに基づく犯人特定のための留意事項を県警本部に問い合わせて、「IPアドレス＝犯人」ではないため慎重な捜査が必要であるとの回答まで得ていたようです。しかし、差し押さえたAさんのパソコンの履歴には横浜市やX小学校のホームページのキャッシュや検索履歴が残っていることが判明し、Aさんは逮捕されてしまいました。逮捕後2日目にはウイルス対策ソフトを使用してAさんのパソコンのウイルスチェックをしたところ、ウイルス感染がないことも確認されました。

「お前の口にはチョコレートがついている」

Aさんは逮捕される前からずっと心当たりがないと述べていたのですが、取調官から

「証拠がある」

「台所にチョコレートケーキがあった。その横にお前がいた。ケーキが無くなった。お前の口の周りにチョコレートが付いている。誰が食ったのか。俺は食ってない。今のお前は、それと同じだ」

などと言われつづけ、逮捕後4日目には一時的に虚偽自白に陥ってしまいます。

また、犯行声明に使われたハンドルネームである「鬼殺銃蔵」について、Aさんが「それは日本酒の『鬼ごろし』と不吉な数字である13（じゅうぞう）に由来するのではないか」

などと推測したことも、「犯人が知っているはずの事実を供述できた」という意味で警察の確信を強める原因になってしまいました。「鬼殺銃蔵」のハンドルネームの解読は犯人でなくてもできる程度の説明であったにもかかわらず、Aさんが犯人だと思っていた警察にとってはその見立てが当たっていたことを裏付ける事情として受け取られてしまったのです。

このように、警察はAさんが犯人であるとする証拠を複数獲得する中で、「やっぱりAさんが犯人だ」と確信を強めていったのだと思われます。

一方で、逮捕後の捜査では横浜市のサーバーには2秒間しか接続されておらず文字を打ち込む時間がなかったという不自然性も判明し、実際に「遠隔操作、ウイルス、踏み台など、第三者がやっていることに騙されている可能性はないのか」とAさん本人から指摘されていました。

しかし、それまでの捜査からAさんが犯人に間違いないと思い込んでいた警察は、前もって脅迫文を保存しておくなどの方法によれば可能だとAさんに説明し、Aさんが犯人ではない可能性を裏付ける捜査をしませんでした。

後の調査報告書において、神奈川県警はこのような不自然性に関してAさんが犯人であることを打ち消す「白の捜査」が十分ではなかったと公表しています。

人はバイアスに勝てるのか?

ではどのようにすれば、このようなバイアスによる誤った認知を防げるでしょうか。

結論から言えば、バイアスを防ぐ方法はないと言われています。

すでに述べたようにバイアスは人間が進化の過程で身につけた情報処理の方法に由来するものであって、それをなくすことはできないからです。

しかし、バイアスをなくすことはできないとしても、バイアスを事前に排除する方法や、事後に排除する方法については研究が進んでいます。

まず、バイアスを事前に排除する方法としては、バイアスについて知ることでより自覚的になり、バイアスに陥ったときに気が付けるようにするというものです。

次に、バイアスを事後的に排除する方法としては、

　判断の理由を実際に書きだしてみる
　他の仮説に照らして判断が正しいかを考えてみる
　一人で考えずに別の人に判断を検証してもらう

といったことが挙げられます。自分の判断がはたして公正なものと言えるのか、それともバイアスが混じっているのではないかというのは、このような簡単な方法で検証することができるのです。

しかし、バイアスに完全に囚われている場合、人間はバイアスの盲点によって、自身がバイアスに囚われていることに気が付くことができません。そのため、今、挙げたような事後的なバイアスの排除を自分自身で意識的に行なうことは容易ではありません。

だからこそ、制度やシステムの一環としてそれを組み込むことによって、バイアスを排除しなければなりません。

たとえば、裁判所で行なわれる裁判官同士の評議や判決文の起案、捜査機関内での決裁や打合せといった制度化されたプロセスをうまく使うことによって、バイアスを低減することができるかもしれません。

（3）なぜ「直感的判断」は危険なのか

システム1とシステム2

最近の心理学では、人間の情報処理は主に2種類のプロセスによって行なわれているというのが有力な仮説になっています（二重過程モデル）。

一つ目は迅速かつ簡便な直感的思考方法で、これは「システム1」による処理と呼ばれています。二つ目は入念で労力を用いて情報を吟味する熟慮的思考方法で、これは「システム2」による処理と呼ばれています。

人間は日常生活で膨大な情報量を処理しなければならないので、すべての事項について熟慮している余裕はありません。いわばルーティン的な事項については直感的なシステム1によって労力を節約していて、特に入念に判断したほうがいい場合、あるいは決断するまでの時間的余裕がある場合などには熟慮的なシステム2が働きます。

さらに言えば、システム1もまったくいい加減なものだというわけではなく、ある程度正しい判断を期待することもできます。しかし、システム1はいわば情報処理のショートカットですから、そこには判断ミスが入り込む余地が十分にあると言えます。

また、システム2が働いたとしても、無意識のうちにシステム1で生じていたバイアスや偏見を自覚することは容易ではなく、その影響を排除できないこともあります。どんなに熟慮を働かせていたとしても判断を誤るおそれがあるのです。

代表性ヒューリスティック

システム1に関して、人間は経験に基づいた素早い判断を行なうために色々な思考のショートカットをしています。

人間が日常の意思決定で用いる、こうした簡略化された推論手法は「ヒューリスティックス」と呼ばれています。

ヒューリスティックスはさらにいくつかの分類がなされていますが、その一つに「代表性ヒューリスティック」と呼ばれているものがあります。

これは、対象物があるカテゴリーの代表的な特徴を有している場合、そのカテゴリーに属していると直感的に分類する方略のことを言います。

たとえば、次のような問題について考えてみましょう。

【不良男子問題】

中学校の校舎の窓が割れていた。犯人は誰でしょうか？

A　その中学校の生徒

B　その中学校の不良男子生徒

この問題でBを選んだ人は一定数いるはずです。

しかし、Bという集合はAという全体集合の一部であり、BよりもAの確率の方が高いのです。また、不良や男子という要素は犯人の証拠ではありませんから、Bという選択肢には何ら根拠はありません。

犯人が真面目な男子生徒、あるいは女子生徒である可能性も十分にあるのですから、一足飛びに「不良男子生徒」に犯人を絞り込むのは飛躍していると言えるでしょう。

しかし、「窓ガラスが割られた」という事象に接したときに、人間は代表性ヒューリスティックを働かせて、「そういう悪いことは不良の男子生徒がやったに違いない」と考え、そこから犯人捜しを始めてしまうおそれがあるというわけです。

アナザーストーリーを考慮する重要性

さらに考えてみれば、窓ガラスは意図的に割られているとは限りません。誰かが過失で割ってしまったということだってありえます。本来ならば、まずそういった可能性も含めて検討すべきなのですが、代表性ヒューリスティックが働くために「不良の男子生徒が窓ガラスを割った」という結論に飛びついてしまうというわけです。

実際には「窓ガラスが割られている」という事象に対してはいくつもの「アナザーストーリー」（他のシナリオ）も考えられます。

こうしたアナザーストーリーがありえるのは冷静に、合理的に考えれば当然の帰結なのですが、実際の事件に遭遇すると私たちはつい「怪しい集団」である「不良男子生徒」のほうから調べてしまいがちです。そして、その中に犯人らしき人がいたら問題解決として、それ以上の調査をすることを止めてしまうでしょう。

しかし、本当に正解にたどり着きたいのであれば、まずそれが事故か事件かを検討して、事件であるとするならば全校生徒を調べるのが適切です。

利用可能性ヒューリスティック

よく見るものや印象に残りやすいものなど自分の利用しやすい情報を頼りに判断する「利用可能性ヒューリスティック」というものがあります。

たとえば、日本の犯罪数は、統計を見れば明らかにこの十数年で、基本的には減少しつ

犯罪件数の推移

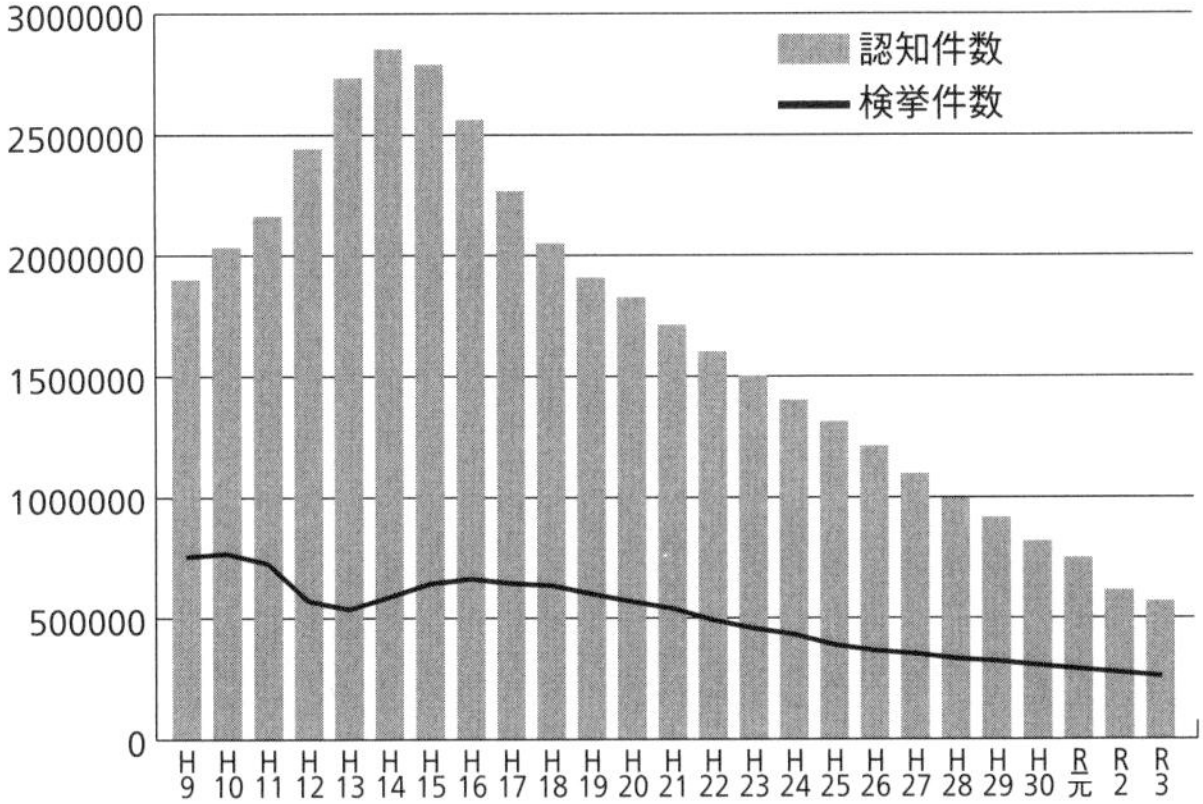

犯罪の認知件数、検挙件数は平成14年以降、一貫して減っている

（令3「警察白書」より）

づけているのですが、「最近はどんどん治安が悪化している」という印象を持つ人が少なくありません。

　なぜそのような誤解をしてしまうかというと、めったに起きないような凶悪犯罪や、異常な犯罪はマスメディアが大々的に報じるので、その印象で「日本社会では犯罪がますます増えている」「物騒《ぶっそう》な世の中になった」と感じてしまうのです。

　つまり、人びとはメディアを通じて接しているごく一部の犯罪情報を頼りにし、社会の犯罪件数を多めに見積もってしまうというわけです。

　これは犯罪の増加率に限ったことではありません。他にも、宝くじの当選確率はきわめて低いのですが、1等に当選した人たちの話にニュース番組やSNSで接することで「宝くじが当たることは日常的にあることだ」と思ってしまい、ついつい宝くじを買ってしまいます。中には10万円、100万円と宝くじを買う人がいますが、たとえば年末ジャンボ宝くじは数億枚の売上があり、一〇〇〇枚、一万枚買ったくらいでは1等に当選する確率は依然として低いままです。しかし、宝くじを買うときには総発行枚数など調べないので、「私も当たるかもしれない」と思ってしまうわけです。

このような利用可能性ヒューリスティックを私たちが用いて生きているのは、普段接している情報の総量に限りがあるからで、その手持ちの情報に基づく推定に従って生きていかざるをえないからです。そのときに自分の身の回りで同様のことが起きているかどうかといった情報で物事を判断したり、決断したりするのはむしろ当然のことだと言えるでしょう。

しかし、犯罪捜査においてこの利用可能性ヒューリスティックが働いてしまうと、過去の経験に引きずられて、過去の事件と同じように犯人像を描いた結果、犯人を誤ってしまうことが考えられます。

印象に基づく判断という危険

刑事裁判においても、かねてから、論理的・分析的判断の重要性が強調され、これと対極にある直感的・印象的判断については誤判につながるとして警鐘が鳴らされてきました。特に、直感的な印象や大筋を重視するあまり、検討を要すべき問題点や矛盾点が出てきても最初の印象に縛られ、誤った見立てを何とか維持しようとするために、多くの冤罪事件が生まれてきたと言われています。

しかし、どんなに注意していても、人間はヒューリスティックスや感情などに基づくシステム1から逃れることはできません。また、つねに論理的・分析的判断を優先し、すべての可能性を検討することは、時間や思考のリソースが無限にあるわけではないため現実的に不可能です。

重要なことは、人間である以上は誰もが印象に基づく判断をしており、だからこそ「人は誰でも間違える」ということを自覚することです。

ヒューリスティックスによる誤りは、個々人の自覚や努力によって解消できるものではありません。だからこそ、誤った見立てにしがみつかないようにするルール作りやシステム作りが必要になってきます。つまり、「人は誰でも間違える」ということを前提とした組織・制度の設計が必要です。

また、人間は印象的判断によって間違うからこそ、他人や別組織によるダブルチェックが必要であり、ダブルチェックにおいてはそのような印象的判断が混じっていないかについて十分気をつけて行なう必要があります。

(4) はじめに「予断」ありき

予断による結論の先取り

私は裁判官時代に「予断・偏見には気をつけろ」という指導を繰り返し受けました。

ここで言う「予断」とは「先入観をもって裁判を行なうこと」を指しています。

たとえば、被告人に前科があるというだけで有罪かもしれないと考えてはなりません。刑事訴訟法でも、起訴状において前科を記載することは原則として違法となります（常習累犯窃盗など、前科の有無が犯罪の成立要件になっている場合や、前科を持ち出して脅迫した場合などにおいては例外的に記載が許されます）。

「前科がある」という情報はそれだけで被告人に対するイメージを悪くさせることにつながりかねません。なので、公判審理が始まる前に裁判官が見る起訴状にはそうした情報はあえて書かないというのが刑事裁判でのルールなのです。

自身がその事件を担当した場合の予断を避けるため、なるべくテレビや新聞で逮捕報道などを見ないようにしている裁判官もいるほどです。

このように、裁判に関する法律や実務運用において、なるべく予断を避けることが心がけられています。

ノーベル経済学者が指摘した「結論バイアス」のリスク

この「予断」に関連して、2002年、ノーベル経済学賞を受賞したダニエル・カーネマン氏は「結論バイアス」という概念を提示しています。

カーネマンは心理学と経済学を統合した行動経済学を構築したことで有名な人ですが、彼は「人間は初めから特定の結論を目指して判断プロセスを開始してしまうことがある」と指摘しています。これが「結論バイアス」です。

人間は直観によってもたらされる予断から、すぐ結論に飛びついてしまったり、たとえ熟慮した場合でも知らず知らずのうちに自分の直感を裏付けるような論拠を探してしまったりしてしまうというのです。

また、特定の結論に達するように動機づけられている場合、人間は無意識的に自ら望む結論に達するように情報を解釈したうえで、正しい結論に達したと感じてしまうことがあります。この現象は「動機づけられた推論」と呼ばれています。

先入観というものは、これらの人間の心理作用によってしばしば産み出されてしまうのです。

メディアによる予断形成の問題

特に問題視されているのがマスメディアによる事件の報道です。すなわち、メディアが特定の事件に対する「予断形成」に大きな影響を与えているのではないかという指摘がなされています。

心理学的にも、被疑者を犯人視する新聞記事を読んだグループのほうが、それを読んでいないグループよりも有罪を支持する割合が多いという実験が存在します。裁判官がどんなに気を付けたとしても、一度記憶した情報を頭の中から消し去ることはできませんので、無意識のうちに予断に囚われてしまう危険性は否定できないのです。

そもそも、日本の報道においては、事実の伝達に記者の主観や意見を入れてはならないという「客観報道主義」というルールが存在します。

主観を入れてはならないということは一見、良いことのように思えますが、こと刑事事件では警察・検察といった捜査機関側が公表した情報が、報道において不可欠な「裏取り」もないまま、あたかもそれが事実であるかのように報じられるのが日本では通例になっています。

一方、被疑者や弁護人側は捜査機関の持っている証拠を見ておらず、捜査状況も分かりません。この状況では被疑者サイドが警察の流す情報に対抗するために情報を公開すると、それが捜査機関に利用される可能性もあり、インタビューで語ったときの、些細《ささい》な記憶違いなどがより疑いを強めてしまうリスクがあるため、基本的には取材に応じることができません。

特に人違いの冤罪事件の場合、被疑者にはまったく心当たりがないのですから、メディアに対して事件について何も説明できません。

その結果、捜査機関側の情報のみが市民に伝えられてしまい、確定した事実として一人歩きすることになります。

また、メディアとしても、他社が報じるであろう以上その事件について報じないわけにはいかないということになり、さながらチキンレースのように事件に関する詳細な情報が憶測を含めて早期の段階から報じられてしまうことになります。

刑事裁判は「無罪推定」、つまり裁判所の判決によって有罪が確定するまでは無罪と推定するという原則があるものの、被疑者のプライバシーにほとんど配慮されずに逮捕時点で実名報道されることが多く、その結果、捜査報道に接した人には被疑者がそのまま犯罪者であるかのような印象づけがなされてしまいます。

こうした被疑者が犯人と確定しているかのような報道は捜査機関、弁護人、裁判官・裁判員らに予断を植え付けるものであり、改善されなければなりません。

実際にこれまでにも袴田《はかまだ》事件などの冤罪事件において、当時の犯人視報道が冤罪を作り出したものとして問題視され、雪冤《せつえん》（無実の罪を晴らすこと）後に検証されたり、メディアが謝罪したりしたこともあります。

「逮捕＝犯人」という間違い

「国際人権規約」（１９６６年の国連総会において採択され、１９７６年に発効、79年に日本批准）の自由権規約においては無罪推定原則が保障されていて（14条2項）、その解釈指針において「報道機関は、無罪の推定を損なう報道は避けるべきである」と明記されています（一般的意見32パラグラフ30）。日本でも、２００７年に開催されたマスコミ倫理懇談会全国協議会全国大会において、当時の最高裁判所参事官は、問題のある報道として次の例を挙げました。

被疑者が自白していることやその内容を報じること
被疑者の弁解の不合理性を指摘すること
犯人かどうかに関わる状況証拠を報じること
前科や前歴を報じること

被疑者の生い立ちを報じること

事件に関する「有識者」のコメントを伝えること

2008年には、日本新聞協会が「裁判員制度開始にあたっての取材・報道指針」として、次の内容が確認されました。

捜査段階の供述の報道にあたっては、供述とは、多くの場合、その一部が捜査当局や弁護士等を通じて間接的に伝えられるものであり、情報提供者の立場によって力点の置き方やニュアンスが異なること、時を追って変遷する例があることなどを念頭に、内容のすべてがそのまま真実であるとの印象を読者・視聴者に与えることのないよう記事の書き方等に十分配慮する。

被疑者の対人関係や成育歴等のプロフィールは、当該事件の本質や背景を理解するうえで必要な範囲で報じる。前科・前歴については、これまで同様、慎重に取り扱う。

事件に関する識者のコメントや分析は、被疑者が犯人であるとの印象を読者・視聴者に植え付けることのないよう十分留意する。

しかし、こうした指針公表以後でも逮捕時点であたかもその人の有罪が確定したかのような世論をメディアが形成してしまっています。このような報道は「無罪推定」を受ける権利を侵害するものと言えます。

近年、冤罪が発覚したときに過去の自社の報道を検証し、その責任として冤罪当事者の名誉回復に努めるという取組みも行なわれるようになりました。過去の失敗を検証するという取組みがメディアの中でも始まりだしたのです。

前記のような予断を形成する情報を報じないようにすることや、無罪推定が及んでいることに配慮して「逮捕＝犯人」というような印象を与えないよう心がけることといった再発防止策を講ずる必要があると思います。

近年ではSNSの発達により、一般市民も情報の拡散に寄与することになりました。これは、誰しもが冤罪に関する情報の拡散に加担してしまいうるということであり、刑事事件に対する予断を作ってしまいかねないということです。そのため、刑事司法関係者だけでなく一般市民も、冤罪事件の発生を助長しないように気を付けて情報を扱うべきと言えるでしょう。

偏見とステレオタイプ

バイアスと似た言葉に「偏見」があります。しばしば、偏見を意味する言葉として「バイアス」が用いられることがありますが、心理学的にはこの両者は別のものです。

すでに述べたように、人間の偏った認知のゆがみがバイアスと呼ばれています。

一方、偏見というのは「ネガティブなステレオタイプ」のことを言います。ステレオタイプとは特定の社会集団、そしてそこに属する人たちの特性に関する信念です。たとえば日本人に対するステレオタイプの代表的なものには集団主義や閉鎖的であることが挙げられるでしょう。

実際には日本人でも個人主義的だったり、あるいは反対にオープンマインドだったりする人も少なくないのですが、他の社会集団の人たちから見ると日本人は概して集団的で、内向きであるという印象が持たれます。これがステレオタイプであり、バイアスと違ってステレオタイプは後天的に学んで身につけた信念体系（世界観）だと言えるでしょう。

そして、こうしたステレオタイプの中でもネガティブな意味を持つものが「偏見」と呼ばれています。たとえば日本人に対して「個性がない」といったネガティブな固定観念（ステレオタイプ）を持っている人がいれば、それは日本人に対する偏見であると言えるでしょう。

偏見が深く心に根ざすと、さまざまな状況を認識したり記憶したりするときに認知バイアスを生みやすくなるという関係にあります。

日本人が他国から偏見を持たれるのと同様に、日本人も外国にルーツがある人々に対して偏見を持つことがあります。実際にはどんな人間集団であっても、そこに属する人たちには幅があり、日本人が一通りではないように、同じ国籍、同じ民族と言ってもその人たちの性格や行動はさまざまです。しかし、現実には、日本で生活している外国ルーツの人々に対して、「○○人は嘘をつく」とか「××人は暴力的な人が多い」という偏見を抱く人が少なくありません。

なぜ偏見が生じるのか

では、なぜこのような偏見が生じてしまうのでしょうか。

そもそも、人間は外界で起きていることをつねに頭の中で処理しながら生きています。この処理の中では効率化のために物事を分類する「カテゴリー化」が行なわれます。そして、私たちはカテゴリー化した自分のイメージに物事を当てはめて生きています。

私たちはそれらのイメージに一致する出来事には強い印象を抱きますが、そうでない場合は往々にして無視したり、軽視したりします。このようにして、さまざまなカテゴリーに対するイメージ群（ステレオタイプ）が出来上がっていきます。

こうしたステレオタイプを作ることによって、私たちは複雑な現実を単純化し、よりスムーズに対処できるようになるのですが、このステレオタイプの形成の過程では往々にして間違った情報や偽の情報が使われて、それによって事実無根の「ネガティブなステレオタイプ」が作られていきます。これが偏見です。

実際には関係がないにもかかわらず関係するものと捉えてしまうことは「錯誤相関《さくごそうかん》」と呼ばれています。二つの稀《まれ》な事柄に遭遇したとき、それらの事柄同士が結びついた状態で記憶に残りやすくなることからこの錯誤相関は生じると考えられています。

たとえば、我々は「外国人」というカテゴリーを頭の中に持っていますが、そこには何らかのイメージが伴っています。

実際には「外国人は犯罪率が高い」という統計は存在しないにもかかわらず、外国人犯罪の報道に触れると、外国人と犯罪との結びつきは稀であっても、それらは目立ちやすい事柄であるために脳に残りやすく、「外国人は犯罪率が高い」というイメージが構築されていきます。そしていったん「外国人は犯罪率が高い」というイメージが作られてしまうと、外国人犯罪の報道には特に注意を向けてしまい、そうした報道や噂などを聞くことで「自分のイメージは間違っていなかったんだ」とさらに思い込んでいきます。このようにして「外国人は犯罪率が高い」という偏見が形成されていくのです。

たとえば、レイシャル・プロファイリングといって、不審事由が無いにもかかわらず、「外国人風の見た目」というだけで職務質問をするということが問題視されています。

ステレオタイプは自己成就する

また、ステレオタイプに従って行動することで、そのステレオタイプにあてはまる結果が生まれてしまうという「行動的確証効果」(自己成就効果《じこじょうじゅ》)も生まれます。

たとえば、いったん「外国人は怖い」というイメージを抱いた人は、せっかく外国人と仲良くなるチャンスがあったとしても付き合いを避けるようになるでしょうし、外国人と接する際にも視線をそらしたりするようになります。そうすると、そのような扱いを受けた外国人も相手から拒絶されていると感じることになりますから、態度がぶっきらぼうになったり、自然とよそよそしい態度を取ったりするかもしれません。そのようなギクシャクした関係になると、おたがいに「ああ、やっぱり私たちのことが嫌いなんだ」などというふうに受け止めてしまうかもしれません。このようにして、さらに「外国人は怖い」というイメージが定着してしまうのです。

このように、人間はその心の働きによって偏見を持ってしまいがちです。それは単なる一人の中の偏見にとどまらず、他者との間で緊張が高まっていき、さらに偏見が増強されてしまうこともあります。このようにして、偏見だったものが本当の敵意となり、争いを生む火種になってしまうのです。

無意識の偏見とジェンダー問題

このような偏見の中でも、近年特に問題視されているのが「ジェンダー・バイアス」です（ここでの「バイアス」は認知心理学で言う「認知の偏り」ではなく、偏見というニュアンスで使われています）。

特に学力や仕事の能力など、公正かつ客観的に判断・評価されるべき事象について、「男らしさ」「女らしさ」や男女の役割といったジェンダーに基づく価値観によって判断や評価が歪められてしまう場合、その価値観や社会認識、社会状況はジェンダー・バイアスと呼ばれています。

およそどんな社会でも、性別という要素に社会的な役割や行動規範といった要素が結びついていくことで、性別に対する固定観念が定着していく傾向があります。

ジェンダー・バイアスは人類の歴史の中で作られていったものと言っても過言ではありません。性別分業が長年にわたって積み重なっていった結果、それがジェンダー・バイアスとして社会や人の心に定着し、再生産されているところにこの問題の根深さがあります。

人間の知は既存の社会の枠組みや積み重ねの上に形成されていくものですが、その社会の枠組みや積み重ねにおいて男女間に差や偏りがあった場合、客観的な事実そのものに歪《ゆが》みが生じてきます。

たとえば、男性は外で働き、女性は家で主婦として家事や子育てを行なうのが当然とされた時代がありました。

そのような社会では男性は上級の教育を受け、また社会に出ても会社などで中心的な役割を果たすようになります。一方の女性は「家事や子育てに学問は要らない」ということで上級の教育を受けることができず、社会で働く場合にも周辺的な仕事しか与えられません。このような状況下で、男女の学力差、あるいは仕事上のスキルの差を調べれば、当然に男女差が生まれます。また、そのような社会では進学状況や就労状況についても男女差が生まれる結果、女性が学び働くための環境が整備されないだけでなく、男性が家事や子育てをする場合の休暇などの体制が整備されないことになります。

このように歪んだ「事実」が一人歩きして積み重なっていく結果、自ずとジェンダー・バイアスが再生産されます。しかも、社会に根付いた偏見は偏見として自覚されにくく、このジェンダー・バイアスは「アンコンシャス・バイアス（無意識の偏見）」の一種として問題視されています。

昨今では、こうしたアンコンシャス・バイアスの存在について社会的な認知が広がってきてはいますが、まだまだ偏見は根強いものがあります。

2021年に内閣府男女共同参画局が行なった調査は、次のようなことを報告しています。

◎男性のほうが仕事と家事の分担に関して性別役割意識が強い。
◎男性よりも女性のほうが性別に基づく役割や思い込みを決めつけられた経験をしている割合が高い。
◎性別に基づく役割や思い込みを決めつけられた経験は、直接言われた経験よりも言動や態度から感じた経験（間接経験）のほうが多い。

これらは2022年の内閣府男女共同参画局が行なった調査によっても裏付けられました。この調査では、

男性は女性と比べて、性別に基づく役割を直接言われたり、言動や態度で間接的に接した経験が少なく、伝統的な役割観に自身がとらわれていることに気づいていない可能性がうかがえる。

ということも指摘されています。

ジェンダー・バイアスが生んだ冤罪事件

このジェンダー・バイアスはけっして冤罪と無関係ではありません。

これまで女性の被告人が再審無罪となったのは徳島ラジオ商殺し事件、東住吉《ひがしすみよし》事件、湖《こ》

東《とう》記念病院事件の3つの事件です（事件の詳細は107ページコラム参照）。

たとえば、1953年の徳島ラジオ商殺し事件では、ラジオ商と内縁関係にあった女性が、ラジオ商の浮気を知って自身との入籍や将来の生活に危機感を覚えたために殺害したのではないかなどと、「男性に経済的に依存する女性」というジェンダー・バイアスに基づく捜査が行なわれた結果、有罪判決が宣告されてしまいました。

この事件の再審無罪判決（徳島地判昭和60年7月9日判タ561号180頁）では、「被告人は過去に二回結婚生活に破れながら、男に頼らず、独力でカフェを経営し、（ラジオ商）の伴侶となってからも同人の有能な協力者として事業を守り立て、成功に導いたのであって、夫にのみ依存して生きる型の女ではなく、法律上の妻として入籍されないことは被告人にとって必ずしも大きな患いではなかったと考えられる」などとして、「依存する女性」像が排斥《はいせき》されています。

また、女性が被告となる冤罪事件では、単なる事故や自然死であるのに、それが犯罪と間違えられてしまうタイプの事件が多いという海外の研究結果もあります。

日本でも、1995年の東住吉事件では保険金目的で自分の子どもを放火殺人したという容疑が、その母親にかけられました。これは後に、車のガソリン漏れによる自然発火の可能性が認められて再審無罪となりました。

２００３年の湖東記念病院事件では看護助手の女性が人工呼吸器のチューブを抜いて殺害したという容疑がかけられたのですが、後に致死性不整脈などによる自然死の可能性が認められて再審無罪となりました。

捜査手法の観点からしても、東住吉事件においては、被告人の「母としての側面」につけこむ取調べが行なわれました。

たとえば、火事で助かった長男の供述内容を伝えて「我が子の供述内容を争うのか」と厳しく追及したり、「母親の心を失ってはいけない」などという言葉を投げかけたりした結果、最終的に虚偽自白に至ってしまいました。

湖東記念病院事件においては、被告人の女性としての側面につけこむ取調べが行なわれました。すなわち、被告人が取調べにあたった刑事に好意を寄せていることを分かったうえで、刑事が「起訴してからも会いに行く」「俺が一生面倒を見る」などと発言した結果、被告人は刑事の気を惹《ひ》くために虚偽自白してしまいました。

さらに、刑事司法においては捜査関係者の男性比率が高く、ジェンダー・バイアスが再生産されているという問題があります。

２０２３年10月、神奈川県警察本部で開かれた警察署長会議で、県の公安委員で元横浜市教育長の岡田優子氏は「ため息が出るほどの男社会だ。女性のロールモデルがひじょうに少ない。なぜ女性幹部が育たなかったのか。あるいは育てなかったのかを考えてほしい」と指摘しています。警察だけでなく、裁判所や検察官、弁護人などにおいても女性の割合を男性の割合に近づけることが人権を守るという観点から見ても必要だと思います。

裁判官も陥ってしまう偏見と差別

裁判官であっても、人間である以上、偏見や差別からは逃れられません。たとえば、日本の最高裁判所が謝罪した差別的取扱いとして、ハンセン病患者に対する開廷場所指定問題という出来事があります。

数々の差別の原因になってきたハンセン病は1947年（昭和22年）の治療薬導入以降、治癒する病気と認識されるようになりました。またハンセン病の病原菌はそもそも感染力が弱いことが分かり、遅くとも1960年（昭和35年）以降は強制隔離の必要性が国際的にも国内的にも否定されてきました。

ところが日本の裁判所は1972年（昭和47年）までハンセン病の患者が関わる裁判については、ハンセン病を理由として開廷場所を療養所内の仮設法廷などに指定し、裁判を受ける権利や公開裁判の保障を蔑《ないがし》ろにする運用を行なっていました。

この問題を受け、2015年に設けられた有識者委員会はこうした運用を偏見と差別に基づくものであると指摘し、最高裁判所も「このような誤った指定の運用が、ハンセン病患者に対する偏見、差別を助長することにつながるものになったこと、さらには当事者であるハンセン病患者の人格と尊厳を傷つけるものであったことを深く反省し、お詫び申し上げる」と謝罪しました。

どうすれば偏見に対抗できるのか

それでは、どうすれば私たちは偏見を予防できるのでしょうか。

注意しなければならないのが、偏見はそれを抑制しようとすると、かえってそうしたステレオタイプに人びとが注目してしまい、それによって偏見が強まってしまうことがあるということです。これは「リバウンド効果」と呼ばれています。

たとえば、アメリカではスキンヘッドの男性が危険思想を持つ暴力的な人物だという偏見があると言われていますが、「ステレオタイプな記述を避けるように」と指示したうえで、スキンヘッド男性の写真を見せてその典型的な1日の記述を求めると、その問題に対する回答では偏見を抑制することができたものの、その後に別のスキンヘッド男性を見せると、より偏見に基づいて記述してしまったり、スキンヘッド男性から離れて座ったりするなど、偏見が強まってしまったという実験結果があります。

しかし、リバウンド効果があるとしても、それを恐れて偏見を放置してよいわけではありません。「人を人種や性別で判断するのは良くない」と、偏見に対抗する信念を持つことはとても重要で、そのような信念が前提にあると、実際に自分が差別してしまったり、差別を見た際に罪悪感を覚えたりするようにもなり、それによって反省が促され、同じような差別をしないという動機形成につながるからです。

特に有効と見込まれているのは偏見の対象となっている人たちとの接触や対話です。偏見は対象への無知や誤解によって生まれるため、接触機会を増やして真の姿に触れれば自ずと偏見はなくなると考えられています（接触仮説）。無知に基づく偏見は無数にありますが、実際に接してみれば、相手も同じ人間であり、恐れたり、敬遠したりする理由はどこにもないということが分かるでしょう。

とはいえ、接触すればすべて差別や偏見が解消するかというとそういうわけではありません。中途半端な接触で、かえって偏見や敵意が強まってしまうということも珍しくありません。対等な立場で、なるべく親密かつ協力的な接触をすることが重要だと言われています。また、自分自身が接触しなくても、同僚や友人が偏見の対象となっている人たちと友好的に接触するのを見聞きすることでも偏見の低減を期待できると言われています。

さまざまな人に関わり、その人たちのことを知ることこそが偏見をなくす第一歩と言えるでしょう。

「坊主憎けりゃ袈裟まで憎い」——認知的一貫性

人間は自分の行動や信念などに一貫性を持たせようとする性質があると言われています。これを「認知的一貫性」あるいは「一貫性の原理」と言います。

たとえば、人間は一度何かを好きになると、基本的にそれに関するものは肯定的に評価します。たとえば、ある芸能人を好きになると、その芸能人のファッションや行動だけでなく、その発言や思想までも肯定するようになったりすることは珍しくありません。このように、いったん相手に好意を持つとその人のことを丸ごと肯定してしまうようになることがあります。

それとは反対に、ある人のことが嫌いになると、その人にまつわるものやことをすべて否定的にとらえがちです。昔のことわざに「坊主憎けりゃ袈裟《けさ》まで憎い」という言葉がありました。嫌いになったら、その人が着ているものさえ見るのも穢《けが》らわしいと思ってしまうというわけです。恋愛でもひとたび相手のことで許せないことが生まれると、その人の言葉の端々にいちいちカチンときて、相手の嫌なところばかりが目に付くようになってしまうものです。

こうした認知的一貫性があるおかげで、私たちはそのつど、相手のことを判断する労力を省くことができ、人付き合いを効率化できるという側面もあるのでしょう。たしかに、会うごとに、「この人は信頼できるだろうか」と疑って付き合うのは疲れることです。むしろ「この人は信頼してもいい人だ」と決めて、腹を割って付き合ったほうが楽ですし、また「この人は疑わしい」と思った経験があるならば、その人に深入りせずに他の信頼できる相手を探したほうが時間の節約になるかもしれません。

「結論先取りの評価」の危険性

しかし、認知的一貫性に囚われた結果、苦手だと思っていた人や嫌いだと思っていた相手に思わぬ良さを発見する機会を失ってしまうかもしれません。このような決めつけで組織の人事をしたりしたら、有能な人を起用するチャンスを失ってしまう危険性もあります。

合理的に考えれば、本来、たとえば発言や行動の当否はその内容次第で考えられるべきであり、その人に対する好き嫌いで判定すべきではありません。しかし、その人のことを気に入っていると、発言や行動の内容が正しいという前提で自身の意見を形成しようとしてしまいますし、逆にその人が嫌いであれば、その人物の発言も行動もすべてネガティブに映ってしまい、別の見方ができなくなるものです。言うなれば、「結論先取りの評価」

になってしまうわけです。

このように、人間は態度を一貫させようとする傾向があり、それはかならずしもいい結果をもたらすとは限らないのです。

人が認知的な一貫性を維持するのは好き嫌いだけでなく、感情や認知、行動などのすべてにおいて当てはまると言われています。

セールスマンが使う心理学テクニック

たとえば、ビジネスシーンでも、この認知的一貫性が活用されることがあります。

「フット・イン・ザ・ドア・テクニック」(foot in the door technique) と言って、小さな要求を通してから大きな要求を行なうというテクニックをご存じでしょうか。これは、訪問販売員が訪問した家のドアの間に靴先を入れて「話だけでも聞いてください」という小さな要求をし、そこを足掛かりに商談を成約させることが由来です。

小さな要求を呑んだ客は、その態度を一貫させてしまう結果、大きな要求も呑んでしまうのです。たとえば、商品の無料サンプルを使ってからその購入を迫られると、一度承諾した態度を一貫させてしまう結果、断われずにその商品を購入してしまう傾向があると言われます。

他にも、「ローボール・テクニック」（low-ball technique）というテクニックがあります。これは悪い条件（低めの球 low-ball）を当初は隠しておき、相手が承諾してからその条件を提示するというやり方です。最初にその悪条件を聞いていれば断わっていたかもしれないものでも、いったん承諾をしてしまうと相手は断わることがむずかしくなるというものです。

たとえば、学生に「朝7時からの研究に参加してくれるか」と尋ねた場合には24％の学生が研究への参加を申し出てくれたのに対し、まず研究に参加してくれるかどうかを尋ね、そのうえで開始時間が朝7時だと伝えるというローボール・テクニックを用いた場合には56％の学生が研究への参加を申し出たうえ、開始時間を聞いても参加の意思を変更しなかったという実験があります。

これも一度承諾しているという態度を一貫させてしまう結果、悪い条件を聞いてもその態度を変更することができずに承諾してしまうという点で認知的一貫性が働いています。

一貫性が生む誤り

認知的一貫性は時として冤罪を生みます。

法律上、刑事裁判では「証拠裁判主義」と言って証拠に基づいて事実を認定しなければなりません（刑事訴訟法317条）。

しかし、裁判官が被疑者・被告人は有罪だという心証を持ってしまっていると、その心証を一貫させてしまう結果、その人の有罪を示唆するように証拠が評価されてしまうのです。

心証というのは、裁判官が証拠を調べる中で争点について抱いた認識や確信のことを言います。

法律上の建前とは異なり、人間はエビデンス（証拠）を評価して結論を考えるだけでなく、結論からエビデンスを評価してしまうこともある生き物なのです。

裁判官が危惧する「心証の雪崩現象」

かねてから裁判官の間では「心証の雪崩《なだれ》現象」が危険視されてきました。

この心証の雪崩現象というものは、心証がどちらにも決しがたい浮動的なものにすぎなかったところに、一つの有力な証拠を提示されてしまうと、その証拠によって一定の結論が導かれるだけでなく、本来は無関係であるはずの他の論点までもがその結論を裏付ける証拠として見られてしまう傾向のことを指します。

たとえば、被告人が①自身のアリバイ、②被害者との関係、③当時の所持金という3つの争点について供述しており、裁判官にとっては3つともその話が本当かどうか悩ましい事件だったとしましょう。

ここで、被告人のアリバイに関する供述に嘘が含まれていたことが判明したとします。この場合、残りの争点である被害者との関係や当時の所持金は、被告人のアリバイがないこととはまったく無関係のことであるはずです。しかし、被告人がアリバイについて嘘をついていたということから、裁判官は他の二つの争点に関する話まで信用できなくなってしまうのです。

つまり、雪崩が起きたように一つの疑惑が他の争点に影響を与えてしまい、全体的に壊滅的な影響を与えてしまうというわけです。

しかし、人間は自分の無実を晴らしたい一心で、事実を誇張して話したり、出まかせのアリバイを咄嗟《とっさ》に述べてしまったりすることがあります。心証の雪崩現象においてはそれがトリガー（引き金）となり、最終的に有罪判決につながってしまうおそれがあるのです。

この心証の雪崩現象についても、有罪心証に従って一貫するように他の争点の評価を決めているという点で認知的一貫性が働いているものと説明することができます。

一貫性との付き合い方

こうした一貫性も人間の特性そのものであり、逃れることはできません。

一貫性自体は有罪方向だけでなく無罪方向にも働くものですが、バイアスやヒューリスティックス、予断・偏見といった他の心理要因と掛け合わされることによって事件全体に壊滅的な影響を与えてしまいます。

だからこそ我々は、自分の考えが本当にエビデンスを評価した結果、導かれたものなのか、それとも一貫性を優先させた結論になっていないかについて、きちんと考え抜く必要があります。

一貫性による誤りを低減するためには、物事を切り分けて考えることが有用だと言われています。

また、物事を両方の側面から考えてみるということも重要です。裁判官においても悩ましい事件については有罪・無罪の両方の判決文を起案することが推奨されています。

このように人間の認知特性を理解することによってエラーを防ぐということが大事だと思います。

コラム2　ジェンダー・バイアスが産んだ冤罪事件

◎徳島ラジオ商殺し事件　1953年、ラジオなどの電気製品を商う男性が、刃物で刺されて死亡した事件。内縁の妻が殺人罪で懲役13年の判決を受けたが、その後も女性は無実を訴え続けた。第五次再審請求の途中で女性は病死したが、親族が起こした第六次請求で再審開始が認められ、1985年、無罪となった。（参考文献・小学館『日本大百科全書』）

◎東住吉事件　1995年、小学6年生の女児が死亡した大阪市東住吉区の民家の火災で、母親と内縁の夫が保険金目当てに共謀して放火したとして、無期懲役の判決を受けた事件。その後弁護団が行った燃焼実験をもとに、裁判所は自白の信用性は大幅に減殺されたとし、再審開始を決定。再審では、自白には任意性もなく、火災は自然発火の可能性があるとして、2016年、2人は無罪となった。（同）

◎湖東記念病院事件　滋賀県の病院で入院患者を殺害したとして2007年に懲役12年の刑が確定した元看護助手の女性による再審請求で、患者の自然死の可能性が立証されたほか、看護助手の女性の自白調書は捜査官への恋愛感情を利用して引き出されたものであることも判明し、2020年、再審の結果、無罪となった。

(5) 正義感が冤罪をもたらすわけ

間違いを認めない心理と認知的不協和

「人間は自分の信念や行動を一貫させたがる生き物である」という認知的一貫性の派生原理として、「認知的不協和」というものがあります。

これは「人間は二つ以上の認知の間に矛盾が生ずる状態において、その不快感を低減しようとする」というものです。人間は自分の意見や認識と相反するものに直面したとき、その矛盾を解消しようと、いずれか一方の認知を維持したまま、もう片方を排斥しようとする心理が働くのです。

人間は自己の一貫性を保とうとする傾向があるために、それまでの認知と矛盾する認知を受け容れることがむずかしい存在です。そこで矛盾する事実について自己の見解にとって都合のよい解釈をしたり、あるいはその事実そのものを無視したりすることがあると言われています。

都合よく考えてしまう脳

たとえば、私はワインが好きなのですが、毎日ワインを飲んでいる人が「ワインは健康に悪いから飲むべきでない」という内容のテレビ番組を見たとき、「自分が毎日ワインを飲んでいる」という自分自身に対する認知と、「ワインは健康に悪いから飲むべきでない」という新たな認知が互いに矛盾する認知的不協和の状態に置かれることになります。

このとき、私の心は認知の矛盾（不協和）による不快感を低減しようとします。

一つ目の選択肢は、従来の認知のほうを改め、テレビ番組の情報に沿って禁酒するということです。二つ目の選択肢は、テレビ番組の情報を否定したり無視したりして、これまでどおりワインを飲みつづけるということです。

この二つの選択肢は毎日ワインを飲む人にとって等価値のものではなく、ワインを断つ前者の選択肢のほうが、はるかにストレスが大きいことでしょう。

そこで、「断酒で発生する精神的ストレスのほうがワインよりもずっと健康に悪い」とか「ワインは健康に良い物質も含まれていて、総合的に見れば健康に悪いとは言えない」などと、テレビ番組の情報を都合よく排斥し、自身の飲酒を正当化してしまいがちなのです。

なぜ捜査官は過ちを認めなかったのか

認知的不協和は、矛盾の程度が大きい場合、自身の態度を公表している場合、それまでの時間や労力の投資量が多い場合などにおいて、その効果が高くなると言われています。

たとえば、警察が殺人事件について大規模な公開捜査に踏み切って、被疑者を逮捕したものの、その後に決定的な無実の証拠が見つかったとしましょう。この場合、警察官は「被疑者が犯人だ」というそれまでの認知と、新しい証拠からすると「被疑者は無実かもしれない」という矛盾した新たな認知を抱えることになります。

この場合、無実の人を捕まえたことを認めることは、「黒のつもりが白だった」というわけですから大きな矛盾に直面した場面ということになります。また、公開捜査の場合には、その間違いが天下に明らかになってしまいます。さらに、膨大な人員や時間を投入してきた場合には、より後戻りができなくなってしまうでしょう。

このように、犯罪捜査の過程で無実の証拠が見つかった際、捜査機関は認知的不協和によって自身の間違いを認めにくくなってしまうのです。

この不協和の状態を解消するために「この新証拠は無実を裏付けるものではない」などという強引な解釈をして無視を決め込んだり、「この証拠は何かの間違いであり、犯人を処罰するうえで支障になる」などとしてその証拠を隠滅したり改竄したりするかもしれません。つまり「被疑者が犯人だ」という従前の認知に固執し、「被疑者は無実かもしれない」という矛盾した認知を都合よく排斥してしまい、冤罪が生まれてしまうのです。

これは捜査過程だけでなく、裁判の最中や、裁判後の過程でも起きることです。たとえば、無罪判決や不起訴によって冤罪事件であることが判明した事件において、間違えた当事者や組織が非を認め、冤罪当事者に謝罪をした例は皆無とまでは言いませんが、ひじょうに限られています。

なぜ間違いが明らかになっても謝罪できないかと言えば、間違えた当事者にとって、「罪に問われた人が犯人だ」という従前の認知と、「その人が冤罪であった」という新しい矛盾する認知とが不協和を起こし、「その人が冤罪であった」という受け入れがたい事実を排斥しようという動機が働くためだと考えることができます。

実際に、東住吉事件（前述、107ページコラム）という冤罪事件においては、車のガソリン漏れによる自然発火の可能性が立証されて再審無罪判決が宣告されましたが、その後の民事裁判で取調べ担当刑事は、元被告人から「まだ私（元被告人）を犯人だと思っているんですか」と問われ、「はい。思っています」と法廷で証言しています。これも認知的不協和によるものだと考えられます。

人間は自己正当化する生き物だ

この認知的不協和は冤罪を考えるうえでとても怖い問題です。

元々、人間には「自我防衛機制《きせい》」という自尊心を保全する仕組みがあって、間違えたことを素直に認めることには心理的なハードルがあります。

この心理的な仕組みはたいへんに強力で、客観的に見れば、ある人が間違えていることは明白であったとしても、自尊心を守るためのメカニズムや認知的不協和が働く結果、「自分は間違っていない」と信じこんでいるために、自身の間違いを前提とした状況認識をすることが困難になってしまいます。先ほどの東住吉事件の例で、担当刑事が自らの間違いを認めないのも、本人は嘘やごまかしを言っているつもりはなく、本心から自分のほうが正しいと信じているのかもしれません。

また、認知的不協和によって、たとえ誤りにうすうす気が付いていたとしてもそれに向き合うことができない結果、途中で引き返せなくなってしまうおそれもあります。

このように自分が関与した後、自己正当化の心理から誤りを認められずに以前の行動方針に固執してしまう傾向は「コミットメントのエスカレーション」と呼ばれています。

特に、人間はそれまで投下した労力や金銭に対して執着してしまい、損失につながると分かっているのにその選択を継続してしまうことがあり、これを「コンコルド効果」（サンクコスト効果とも）と言います。

「コンコルド」とはかつて英仏共同で開発された超音速旅客機ですが、開発コストがあまりにも大きくなり、発売しても元が取れないことが誰の目にも分かっていながら開発が中止できなかったというエピソードで有名です。

「引き返す勇気」は持てるのか

有名な冤罪事件である「厚労省元局長冤罪事件」（54ページコラム参照）について最高検察庁が公表した報告書では、「引き返す勇気」という言葉が使われました。

では、認知的不協和に陥ってしまい、自分たちが間違っているかもしれないと気が付いたとき、どうすればこの「引き返す勇気」によってきちんとその間違いを正すことができるのでしょうか。

まず、「人間は間違う生き物」であるという大前提が不可欠です。「自分が間違っている」という可能性を自覚していなければ引き返すことができないからです。人間の知性はけっして完全ではなく、間違えない人間などいません。しかし、往々にして人は「自分は間違えない」と勘違いしがちです。

また、思い込みが強固だと引き返すことはできません。

これまで述べてきたとおり、確証バイアスやヒューリスティックスによる印象的判断、認知的一貫性による結論ありきの判断などによって人間は誤った認知を持ってしまうため、これらの要因への対策も必要です。

認知的不協和に陥っていることの自覚が困難であることに照らしても、客観視できる第三者の関与も重要だと思います。

厚労省元局長冤罪事件では、再発防止策として「縦からのチェック」と「横からのチェック」が導入されました。これは、特捜部が捜査を行なう際に、検事長や高検特別捜査係検事といった上級機関が上（縦）から捜査を指導・監督するとともに、裁判を担当する公判部の検察官から任じられた総括審査検察官が横から捜査をチェックするというものです（もっとも、その後にこれらの制度が機能せず「プレサンス元社長冤罪事件」が起きていることからすると、第三者のチェックも形骸化しないようにしなければ「絵に描《か》いた餅《もち》」になります）。

さらに大事なことは、間違いが生じたときにその人個人の問題だけにしないことです。なぜなら、認知的不協和は誰にでも生じるものであり、その人個人が責任を取ったところでまた別の人が同じようなミスを犯してしまうことを防ぐことはできないからです。

責任追及と原因追究を分けたうえで、犯した間違いの原因を心理学などの知見も用いて分析し、間違いを相互チェックしやすい職場環境にするなど、組織的・環境的に再発防止策を講ずることが重要だと思います。

正義感が不正をもたらす

認知的不協和が起きたときに人間は、間違いの上にさらに間違いを重ねてしまうことがあります。たとえば、都合の悪い証拠を隠蔽したり、有罪の証拠を捏造・改竄したり、取調べで誤った見立てに沿うよう供述を強要したりすることが冤罪の歴史において繰り返されてきました。

それら不正行為のメカニズムに関して、認知的不協和に加えて「不正のトライアングル理論」が参考になると思います。

これはホワイトカラー犯罪に関する犯罪学領域において唱えられている説ですが、不正行為は、

①動機　不正行為を実行することを欲する主観的事情
②機会　不正行為の実行を可能ないし容易にする客観的環境
③正当化　不正行為の実行を積極的に是認しようとする主観的事情

の3つの不正リスクが揃ったときに発生するというものです。

この不正のトライアングル理論は、今日では企業の内部不正防止などに幅広く応用されている知見になっています。

不正のトライアングルがどのようにして完成してしまうのかについて、厚労省元局長冤罪事件（54ページコラム参照）の捜査で主任検察官がフロッピーディスク内のプロパティを改竄してしまった事件を例に見てみましょう。

まず、①動機についてです。

認知的不協和によって、人間は間違っていたかもしれないと気が付いてもそれを受け入れず、なんとか自分の考えを守ろうとしてしまうことがあります。

そのため、有罪だと思っている被疑者の容疑を裏付ける証拠がいっこうに出てこない場合には「証拠を作り出す」という選択肢が浮かぶことになりますし、有罪だと思っていた被疑者の無実を示す証拠が出てきた場合にはそれを「消す」（隠滅する）という選択肢が浮かぶことになります。

このような動機は、刑事事件の解決を望む功名心や正義感、上司の命令や捜査のスケジュールから生まれるプレッシャーによっても増幅されてしまいます。

実際に、厚労省元局長冤罪事件においては、主任検察官は有罪立証の妨げになるフロッピーディスクのデータを「いやらしい証拠」だと思ったとされており、上司から元局長の検挙を「最低限の使命《ミッション》」と命じられていたため、そのような証拠が公判で問題になれば上司から叱責されると懸念したことが、その改竄を行なう動機になってしまいました。

次に、②機会についてです。

捜査機関は第三者から見られることなく証拠に触れたり、証人と接触したりすることができます。厚労省元局長冤罪事件においても、当時、検察官が証拠そのものを利用してその内容を分析するという取扱いがされていたため、主任検察官はフロッピーディスクそのものに触れて中身を操作する「機会」が十分にありました。

最後に、③正当化についてです。

捜査官が被疑者こそ犯人に間違いないと信じていた場合、相手が巨悪であると感じれば感じるほど、そのような悪人を捕まえるためには多少の不正はやむをえない、むしろそれも「正義のためだ」などと正当化してしまうおそれがあります。厚労省元局長冤罪事件は「厚労省という国家機関が関与した犯罪」と見立てられ、重大事件とされたことが不正行為の正当化に結びついてしまった可能性があります。

単純に証拠を改竄する動機だけが存在したり、機会だけが存在したり、正当化の事情があっただけでは不正行為にまで発展しないかもしれませんが、これらのリスクが掛け合わされることによって不正行為が誘発されてしまうのです。

そして、このようにして見るととても怖いことに気が付きます。

それは、冤罪事件において被疑者・被告人の有罪を信じている捜査官は、動機・機会・正当化の不正のトライアングルが完成してしまいかねない状況につねにさらされているということです。

不正行為を予防するためには

結局、厚労省元局長冤罪事件の主任検察官に対しては証拠隠滅罪で有罪判決が宣告されました。その判決文では「我が国の刑事裁判史上例を見ない犯罪であり、刑事司法の公正さを揺るがした」と判示されています。

再発防止のためには証拠改竄などの不正行為に対する処罰は必要不可欠です。証拠を改竄したり、あるいは破棄したりしても処罰されないとなると、その不正が心理的に抑制されないことになるからです。

ただし、不正行為を処罰するだけではその再発防止は図れません。なぜなら、不正行為の原因についてきちんと対処しなければまた同じような不正のトライアングルが揃ってしまう結果、同じような不正行為が生まれてしまうからです。

証拠の改竄や隠蔽が発覚した場合、それを行なった警察官や検察官個人の資質や適格性

第4章　組織もまた誤る

組織の意思決定に潜むリスク

ここまでの話を踏まえてお気づきになった方も多いでしょうが、捜査といった作業を単独で行なうのではなく、複数人で行なうことは誤りを減らすことにつながります。一人の人間が間違った判断や認知をしても、それを別の視点からチェックできるからです。

しかし、他の人がつねに誤りを発見・指摘・修正できるわけではありません。

たとえば、組織のメンバーは同じ目標を共有して行動するものですから、ともすれば考え方や思考も同じパターンに陥りがちで、そのような人間が何人いたとしても誤りは発見できません。

また、ある担当者が間違いや不正を行なっていると気づいても、それを直接指摘したり、上長に知らせたりできる風通しの良さがなければ、不正や誤りは指摘されずに残ってしましうことになります。「ここで誤りを指摘したら捜査が停滞するかもしれない」などという遠慮があれば、誰かが問題に気づいてもそれが表面化することがなくなってしまいます。

加えて、捜査を指揮するリーダーに現場の誤りを受け止めて修正する器量がなかったり、誤りの指摘を批判だと受け止めて弾圧しようとする傾向があったりすれば、部下は問題を上司に進言しようとは考えません。

たとえば、厚労省元局長冤罪事件においては、特捜部長が捜査会議をほとんど開かず、副部長に実質的な関与をさせないまま、みずから主任検察官から直接報告を受けて指示を与えていました。これが重層的・組織的な検討やチェックが働かない要因になっていて、不十分な捜査体制になったと判断されました。この特捜部長は消極的な意見を部下が述べるのを好まず、自身の意向に沿わない検察官に対して「特捜部から出て行ってもらう」など理不尽な叱責を加えることもあり、これが部下からの進言を困難にしていたとも評価されました。そのうえで最高検察庁は、冤罪事件を生んだ背景事情として「当時の大阪地検特捜部の運営には大きな問題点があったと言わざるを得ない」と指摘しています。

これらから、組織の構成員が多様性を備えていて、情報伝達を自由に行なうことが可能かつ容易な職場環境があり、リーダーに柔軟な修正力があることが重要で、そうでなければいかに優秀な人が揃っていようと組織は間違ったまま突き進んでしまうと言えるかと思います。

「組織文化」が生む誤り

組織は活動しているうちに、共通のパターン化した思考様式が生まれます。これは「組織文化」や「組織風土」と呼ばれています。

集団が成熟していくにつれ、組織内の動きは洗練されていきますが、ところどころ硬直化やコミュニケーションの平板化、先例主義といったものが促進されてしまいます。もちろん組織の管理職はそのような危険に陥らないように心を配るものですが、組織が大きくなるにつれ、目の届かない死角が生まれ、これらのリスクが顕在化してしまうおそれがあります。

たとえば一緒によく仕事をする部署とはコミュニケーションが促進される一方で、癒着が起きたり、過度に信頼してしまって相手の誤りに気付きにくくなったりします。反対に、あまり協同して仕事をしない部署とは疎遠になってしまい、コミュニケーション不足から誤解が生じてしまうこともあります。

さらに、階層化を図ることにより組織では適切なマネジメントができるようになるとされています。一方で、階層化された組織において、上層部は自己の正当性を過信する傾向が強化され、異論を唱える者を排除しようとする結果に陥ることがあります。反対に、組織の下部、つまり現場は上層部が誤っていることに気が付いても萎縮してしまい、その誤りを指摘できない場合があります。

厚労省元局長冤罪事件が起きた後、全国の検察官全員に対して意識調査が実施されました。

そこでは、「普段から立場の上下に関係なく異なる意見をぶつけあい、率直に議論している」という質問に対して77％の検察官が「当てはまる」と回答し、「上司の方針や指示と異なる意見がある場合には、反対意見を述べている」という質問に対しては84・2％の検察官が「当てはまる」と回答しました。

このように上下関係なく議論できる組織風土がある程度認められる一方で、「日々の仕事の中で、検察官としての自己の判断より、組織や上司への忠誠が優勢になったことがある」という質問に対し21・3％と約5人に1人の検察官が「当てはまる」と回答しています。このような「組織人としての捜査官」といった視点をも欠かすことなく、冤罪対策を構築していく必要があります。

なお、このような組織文化や内部規範は、かりにそれが社会常識から乖離《かいり》してしまっていたとしても、集団の外からはその逸脱は認識しがたいものですし、内部の構成員はそうした状況に適応済みで、しかも同調圧力が生じていることなどから修正がむずかしいと言われています。

「集団浅慮」のリスク

そもそも、複数人で作業することは、単純な課題では遂行が促進されるものの、困難な課題では遂行が阻害されると言われています。複雑な課題にはたくさんの人員を投入しないと解決できないと思われがちですが、話はそう簡単ではありません。

また、複数人で意思決定（集団意思決定）をするにあたり、集団内での意見の一致を過度に追求して批判的な意見を排除してしまったり、集団の能力を過大視してリスクを甘く見積もったりすることによって、結果的に不合理な意思決定を行なってしまうことを「集団浅慮」（Groupthink グループシンク）と言います。これは、集団の結束を乱すまいとして反対意見を表明することを控えるために、有効な問題解決が妨げられてしまうからだとも言われています。

他にも、集団意思決定では、単独の意思決定よりもリスクが高いものを選択する「リスキーシフト」という現象や、逆に過度に消極的な選択をする「コーシャスシフト」が生じると言われています。要するに、集団意思決定はより極端な結果になってしまうおそれがあるということです（集団極性化）。

さらに、いったん集団意思決定が行なわれると、それが間違いであったという情報がもたらされても従前の決定に拘泥してしまうこともあります。これは認知的不協和などが影響しているものと考えられます。

このように、集団意思決定のプロセスそのものに誤りが生ずる数々のリスクが潜んでいると言えるでしょう。集団体制では、一人で判断するよりも誤りの少ない判断が下されると考えられがちですが、現実はそうとは限らないのです。

社会的手抜きとは

誤りの原因は組織そのものではなく、構成員の心理傾向にもあります。

集団で行動する際、自分一人くらい手を抜いても構わないと考えてしまう現象は「社会的手抜き」と呼ばれています。

また、自分の意見や信念を曲げて、他の人間と同じ考えや行動をとってしまう現象は「同調」と呼ばれています。

特に、人間は階層的集団を作って生存してきた生き物であり、権威に強く影響され、上位の人物に服従（同調）する傾向があると言われています。

これらの影響により、構成員が主体的に行動しなくなってパフォーマンスが低下した結果、誤りを生んでしまったり、生まれた誤りを指摘・修正できなくなってしまったりしてしまいます。

組織を活性化させるためには

単独の場合よりも集団で行なったほうが課題遂行の効率が高まることを「社会的促進」と言います。

どのような場合に社会的促進が起こりやすいのかを調べた研究によれば、人は他人がいる状況であるほど社会的促進が起こりやすいということが分かりました。すなわち、他者が存在するという状態では評価されたいという動機や、現在評価されているという意識から、人間は行動に駆り立てられるというわけです。反対に、他人から見られていない状況であれば社会的手抜きなどが誘発されてしまうかもしれません。

また、会議においては、構成員がそれぞれ保有している独自の情報や視点をなるべく提示させることが意思決定の失敗を防ぐ鍵だと言われています。

批判禁止というルールの下でとりあえずできるかぎりアイデアを出す「ブレーン・ストーミング」には、各構成員からできるかぎり多くのアイデアを発揮してもらうことで、よりよい意思決定を導き出すという機能があります。

実際、裁判員裁判の評議や、弁護団会議においてはこのブレーン・ストーミングが用いられることもあります。

とはいえ、ブレーン・ストーミングも漫然とやっていたら、発言をしないでやり過ごそうという社会的手抜きが起きる可能性もあります。そこでまず各構成員が持ち寄ったアイデアを発表してもらってから各アイデアの統合や検討に入るという手法などが提唱されています。

構成員間で不和がある場合には、「相手が自分を理解してくれている」という「理解知覚」が融和の鍵になります。そのため、まずは相手の状況をよく理解し、それを相手に示すことが両者の関係修復につながるでしょう。

組織の構成員が多様であればあるほど、不和や誤解も生まれがちで、議論や合意形成がむずかしくなります。そのような状況で充実した議論を行ない、間違いを防ぐためには、自らの意見を臆せずに話すことができる信頼関係が必要不可欠です。組織には上下関係も重要ですが、それと同時に、皆が対等に語り合うという水平的関係を作ることは判断のミスを減らし、組織のパフォーマンスを上げるうえで重要だと思います。

第5章　なぜ人は同じ間違いを繰り返すのか

失敗が放置される「現状維持バイアス」のトラップ

人が同じ間違いを繰り返すのは、過去の失敗から学ばないからです。

ここでもまた人間の心理的な問題が関係しています。

まず、人間は認知的不協和に陥り、自尊感情を守ろうとするため、自身の失敗を率直に認めることはむずかしいものです。

また、実際に失敗を認めたとしても、再発防止策の必要性を低く見積もってしまうこともあります。

たとえば、人間は自分自身には悪いことが起きないと考えてしまう傾向があり、これは「楽観主義バイアス」と呼ばれ、「同じ間違いはもう起きないだろう」などと楽観視する原因となります。

人間は異常な状況を目にしてもそれが日常的状況の延長線上のことがらとみなして危険性や異常性を過小評価してしまう傾向があり、これは「正常性バイアス」と呼ばれ、失敗の原因となる異常を看過する原因となります。

加えて、人間は現在支障なくうまくいっているものについてそれを維持する方向で考える傾向があり、これは「現状維持バイアス」と呼ばれ、変化を厭《いと》って再発防止に消極的になってしまう原因となります。

さらに、失敗に向き合うことで、謝罪や賠償といった責任が発生することが少なくありませんから、失敗と向き合うことに対する萎縮効果が生じてしまいがちです。

その一方で、失敗について責任追及をする側としてはより追及的・他責的になってしまうおそれがあります。

人間には、それまで知らなかったことを新しく知ったのに、知る前から自分は正しく知っていたと思ったり、最初からそうなると知っていたと考えてしまう「後知恵バイアス」があります。そのため、他の人が失敗をしたときに、あたかもその失敗が起こることは当然予測できたもので、それを予防できなかったことは不合理極まりないかのように感じ、批判の声を強めてしまうのです。これは失敗をした側の萎縮効果を増加させるだけでなく、失敗がなぜ起きたのかという検証を困難にします。

このように出来事の渦中から見た当事者の視点と、後知恵を持った批判的な傍観者の視点は異なるため、批判にさらされた当事者は自己防衛的になって言い訳が先行してしまったり、批判をする側は過度に追及的になったりすることによって、客観的・中立的な原因検証を協働して行なうことができなくなってしまうのです。

「失敗の再生産」防止のためのフィードバック

世の中の失敗の多くが、再発防止策を講じられずに放置され、再生産されています。人は誰でも間違える以上、失敗を避けることはできません。重要なのは、同じ失敗を繰り返さないことです。

それでは、どうすれば同じ過ちを防ぐことができるのでしょうか。

「失敗の再生産」を防ぐためのキーワードは「フィードバック」です。意図したとおりにシステムが働くように設計する制御工学の分野には、フィードバックを使わずにシステムを制御する「オープンループ制御」と、フィードバックを前提にシステムを制御する「クローズドループ制御」というものがあります。

たとえば、自動散水スプリンクラーは毎日指定された時刻に自動で起動し、芝生や植物に水を撒いてくれます。それほど予算を割きたくないのであれば、天候や季節などに関係なく動く単純なオープンループ制御のスプリンクラーを買えば十分でしょう。

しかし、オープンループ制御のスプリンクラーは、たとえ雨が降っていたとしても起動してしまいます。その結果、多すぎる水撒きで根腐れを起こすかもしれません。

このような事態を防ぎたいのであれば、センサーで土壌の湿度を計測し、それに応じて散水するようにプログラムされているクローズドループ制御のスプリンクラーを導入する必要があります。

失敗を繰り返さないために必要なのはこのクローズドループ制御の思想です。すなわち、失敗が生じたときにかならずその原因を分析し、再発防止策を講じるというフィードバックの仕組みを構築しておくことで、将来の同じ失敗を防ぐことができるのです。

このようなフィードバックによって失敗を防ぐ考え方は航空安全の分野などでも活かされています。

リスクマネジメント的アプローチ

そもそも、失敗はあらゆる活動において一種のリスクになるものですから、リスクマネジメントに基づくアプローチが必要です。

リスクマネジメントとは、リスクを組織的に管理して、損失の回避または軽減を図るプロセスを言います。

リスクマネジメントにおいては、まず何がリスクなのかということを特定・分析し、次にそのリスクの程度や性質がどのようなものなのかを評価して対応を講じ、さらにその結果のフィードバックを行ないます。

リスク評価においては、リスクが現実化した場合の影響度の大きさや、その発生可能性、そしてどれだけリスクに備えられているかという脆弱《ぜいじゃく》性などを考慮して、どれが防ぐべきリスクなのかを判断します。

リスクへの対応の仕方としては、何も対策を取らずにリスクを受け入れる「受容」、リスクの全部または一部を組織の外部に移して影響を低くする「移転」、内部統制などによってリスクの発生可能性や影響度を低くする「低減」、リスクの原因となる活動を見合わせたり中止したりする「回避」といったものがあります。

そして、リスク対応を取った後は、その計画や活動について定期的にモニタリングし、対応の見直しを図る必要があります（監査）。この監査では、どの程度対策が実施されたかという観点と、どの程度目的が達成できたかという観点の二つが必要だとされます。この監査がきちんと行なわれていないと同じ失敗が繰り返されることになります。

失敗を防ぐための3つの思考

将来の失敗を防ぐためには、私は次の3つのことが必要だと考えています。

第一に、人は誰でも間違えるという前提に立たなければならないということです。失敗をしない組織や個人など現実的には存在しません。失敗自体を否定するのではなく、将来同じような失敗をいかにして未然に防ぐかということを考えなければなりません。人は誰でも間違えるという前提は、失敗を認めて向き合うことを促進すると思います。

第二に、失敗を単なる批判や責任追及の対象だけではなく、学びの機会にもしないといけないということです。

責任追及や批判も時に必要ですが、それだけで終わってしまうと何も事態は改善せず、再び同じような誤りが生まれてしまうおそれがあります。将来の失敗を防ぐという観点から、過去の失敗をきちんと検証して原因を分析し、そこから得られた教訓を次に活かすことが重要なのです。

第三に、失敗を他人事にしてはいけないということです。

人は誰でも間違える以上、どんなに注意していても、どんなに努力していても、失敗してしまう可能性は必ずあります。間違えてしまった人と同じ原因や心理傾向が自分の中にも存在するはずです。誰かが失敗したときに、自分も同じく間違えるかもしれないからこそ、みんなでその失敗から学び、将来の同じような失敗を防ぐ必要があるのです。

「失敗から学ぶ」成功例

近年では、失敗から学ぶということが一般的に行なわれるようになりました。

たとえば、企業や公共団体においても何か不祥事があれば第三者委員会を立ち上げ、提言された再発防止策を実施するという一連の流れが形成されています。

ここでは、失敗に関する先進的取組みを紹介したいと思います。

航空安全分野の先進性

失敗から学ぶということについて、世界の最先端に立っているのは航空安全の分野です。

航空事故に関しては、国際民間航空条約（シカゴ条約）によって国際的な原因検証と再発防止の取組みが整備されています。その附属書13においては、「事故や事件の調査の唯一の目的は、事故や事件の防止でなければならない。この活動の目的は、非難や責任の所在を明らかにすることではない」と明記されています。

そのため、パイロットはニアミスやハザードを起こした場合に報告書を出さなければなりませんが、司法手続や行政手続の調査とは分離されており、これを報告しても処罰されない決まりになっています。

航空事故が起こると、航空会社とは独立した調査機関やパイロット組合などがさまざまな証拠をくまなく調査します。飛行機には飛行データやコックピット内の録音データが記録されている頑丈なブラックボックスという装置が搭載されており、事故が起きた場合にはこれを回収してデータの分析も行ないます。

調査終了後、報告書は公開され、その中で記された勧告を航空会社は履行する責任が生じます。しかも、世界中のパイロットがこの報告書にアクセスすることができ、失敗から学ぶことが許されているのです。

このような検証体制により、2015年時点で過去10年間にジェット旅客機の死亡事故は100万フライトに0・29回という驚異的な安全性を確立するに至っています。

医学界——追随する診断エラー学

1999年、「*To Err is Human*（人は誰でも間違える）」と題するレポートが公表され、アメリカの医学界にパラダイムシフトを巻き起こしました。

それまで、医学界において診断エラーはあってはならないものであって、責任追及の対象であり、診断エラーについて議論すること自体がタブー視されていました。

しかし、この報告書は当時のアメリカ医療について、少なくとも年間4万4000人の患者が医療事故によって死亡しており、交通事故やエイズよりも医療事故こそがアメリカ人の死因の大きな割合を占めるということや、医療における安全性確保のための取組みは他のハイリスク産業に比べて10年以上遅れていることを指摘したのです。

この報告書によって、アメリカの医学界は診断エラーのリスクを認識し、「人は誰でも間違える」ことを前提とした対応が医療安全の方針として提言されました。エラーは批判されるべきものではなく、学び改善する機会として扱う意識が醸成され始めたのです。

21世紀に入ると、米国診断エラー学会が設立されます。そこでバイアスなどの認知心理学を用いた研究が始まると、診断エラーの低減は世界的にも最重要の課題として認識され始めました。日本の若手医師もこの学会に参加するようになり、彼らの尽力によって日本国内にもワーキンググループが結成され、2021年には『診断エラー学のすすめ』(志水太郎・綿貫聡・和足孝之監修、日経BP)という書籍も出版されました。このような動きは10年前には想像もつかなかったと言われています。

さらに診断エラー学は「エラーを避ける」という消極的な視点から一歩踏み込み、「不確実性を管理しながらより良い診断を行なう」という「診断エクセレンス」が志向されるようになり、現在も研究が続けられています。

2023年に開かれた日本病院総合診療医学会学術総会のテーマは「総合診療、これからの診断学」と題され、各医師が診断エラー事例やヒヤリハット事例を紹介しつつ、どのようにそれを防ぐべきなのかという方策について報告・議論されていました。

私もこの学会に参加したのですが、参加者が責任追及や批判をしたりせず、純粋に診断方法の改善について検討しあっており、とても前向きな学会であったことが新鮮で印象的でした。

失敗学という取組み

さらに「失敗学」と言って、失敗から得られる知識を広い分野から学んで将来に活かすという試みも生まれています。

元来、失敗の情報は伝わりにくく、隠されやすく、単純化されやすく、その内容が変わりやすいなどの伝達を阻《はば》む特性を有しています。

そこで失敗学において重要なのは、失敗の原因を正しく分析したうえで、誰もが使える教訓として知識化し、これを第三者に分かりやすく伝達することだとされています。

こうして得られた失敗に関する知識は幅広く活用でき、失敗の再発防止のうえで参照されるほか、潜在的なリスクを可視化したり、シミュレーションの参考にしたりすることによって、成功のための糧にすることができます。

私が考える冤罪学も基本的な方向性はこの失敗学と同じで、失敗を学び、失敗に学ぶことが将来の失敗防止のために必要不可欠だと思っています。

第6章　「冤罪」はこうして生まれる

(1)「誤判冤罪」のメカニズム

そもそも、誤判冤罪はどのようにして生まれているのでしょうか。

誤判冤罪発生のメカニズムを解析することは、その発生を防ぐことにつながるはずです。

そこで、これまでの誤判冤罪事件を横断的に分析した結果、明らかになった共通の原因とメカニズムを解説したいと思います。

「誤った見立て」の定立

第1段階は、捜査機関が真犯人を間違えて、真犯人ではない人物を犯人とする「誤った見立て」をしてしまうというものです。

今日では科学的捜査の技術が発達して、過去とは比較にならないほど多くの情報を事件現場から収集することができるようになりました。また、街中に設置された監視カメラによって、犯人とおぼしき人物を絞りこむことも可能になっています。

とはいえ、捜査は事件が発生した後に行なわれるものです。事件が発覚した直後は情報が錯綜したり、あるいは情報がまったくなかったりして、そもそも誰がどのようにして犯罪を行なったのかが分からない場合も少なくありません。そうなると、そもそもどのような証拠を集めるべきなのか、また集めた証拠にどのような意味があるのかということが不明確な場合があります。

また、その場に残された証拠は集めやすい一方で、あるべき痕跡がなかったという「証拠の不存在」は目に見えないため見落とされやすいものと言えるでしょう。

このように、認知能力や証拠収集技術の限界から、どんなに捜査をしたとしても見落とされる証拠はありますし、いくら捜査を尽くしても知りえない情報と調べきれない情報が存在します。ゆえに限られた証拠だけで犯罪事実を再構成することは本質的に困難であり、再構成しきれない不確定な事実が多分に残ることになります（事件の不確定性）。

さらに集められた証拠が誤っていたということもありえます。

客観的証拠だけでなく、人証《じんしょう》といって目撃証言や共犯者証言も証拠に含まれます。これらの証拠は見間違いや記憶違いのほか虚偽のおそれがあり、つねに正確であるとは限りません。

また、証拠にはヒューマンエラーが入り込む危険性もあります。たとえば、鑑定資料の汚染や取り違え、証人の見間違いや記憶違いもヒューマンエラーの一種です。

これらの限られた情報をもとに犯人を特定するにあたっては、その時点で存在する証拠から犯人について見立てなければならないため、情報量の限界や誤った証拠によってその見立てを間違えてしまうこともありえます。

特に、捜査官のヒューリスティックスや偏見などに基づいて、直感的・印象的な判断に陥ってしまう危険もあります。

これらの結果、誤った見立てが定立《ていりつ》されてしまうと、真犯人ではない人に嫌疑がかかり、冤罪が生まれるということになります。

誤った見立ての強化

第2段階は、捜査官が誤った見立てをもとに証拠を見ることで、さらに誤った見立てが強化されてしまうというものです。

当初の見立てが間違っていたと分かれば、その見立てを修正するべきです。しかし、捜査の現場ではそうした軌道修正が行なわれず、集められた証拠を誤った見方で見てしまうことがあります。

その結果、本来ならば有罪の証拠になりえないような証拠も、犯行を裏付ける証拠に見えてしまいます。いわゆる「負のスパイラル」が始まってしまうのです。

というのも、人間は「確証バイアス」によって、自身の仮説に合致する情報を積極的に認知してしまうという心理傾向を持っています。

捜査官も人間なので、確証バイアスの影響により、誤った見立てを裏付ける証拠や情報ばかりをインプットしてしまい、その結果、その誤った見立てを強化してしまうのです。

確証バイアスに囚われてしまった捜査官は、みずからの見立てに沿った情報の信頼性については検証が甘く、その価値を重視する一方で、見立てに沿わない情報の信頼性については厳しく検証し、その価値を過小評価してしまうと言われています。

加えて、人間には基本的な認知や考えを首尾一貫させようとする「認知的一貫性」という心理傾向があります。これにより、誤った見立てが捜査関係者の中で有力な仮説として存在する場合、証拠や情報が誤った見立てに沿う形で評価されてしまうおそれがあります。

たとえば、容疑者の「アリバイがないこと」は、それだけでは犯人を指し示す証拠として決定的な意味を持ちません。他にもアリバイのない容疑者候補はたくさんいるかもしれないからです。しかし、捜査機関がある人物が犯人だとあらかじめ見立てていると、その人にアリバイがないことがその人が犯人であることを裏付ける有力な事実であるように見えてきてしまうのです。

トンネル・ビジョン

それどころか人間には自身の見立てと矛盾する情報や証拠に直面した場合に、その不快感を低減しようとする「認知的不協和」という心理傾向もあります。人間は自分の意見や認識と相反するものに直面したとき、その矛盾を解消しようと、いずれか一方の認知を維持し、もう片方を排斥しようとする心理が働くのです。

ある見立てに沿って大量の人員や時間などのリソースを投入していると、「今さら捜査の誤りを認めて引き返せない」と感じられる状況になってしまいがちです。そうすると、たとえおかしいことは分かっていても、既存の見立てに固執し、それと矛盾する証拠や情報についてはは自己に都合よく解釈したり、完全に無視してしまったりするおそれがあるのです。

このような心理作用の結果、捜査官は誤った見立てに固執してしまい、過度に視野が狭窄し、情報や証拠を不当にゆがめてしまう「トンネル・ビジョン」という状態に陥ってしまいます。まるでトンネルの中にいるかのように、他の可能性は闇の中に包まれて、自分の見立てだけが光輝いているように思ってしまうのです。こうした視野狭窄状況になってしまうと、誤った見立てが増強されてそれに固執するようになる一方で、見立てと矛盾する無実の証拠があったとしても軽視されてしまうのです。

さらなる誤った証拠の収集と誤った証拠関係の形成

第3段階は、誤った見立てに沿って捜査を進めることで、誤った証拠がさらに集められてしまい、誤りが拡大されていくというものです。その一方、見立てに沿わない証拠が排除されてしまったり、無実の証拠が収集されなかったりするので、全体として誤った証拠群が形成されてしまいます。

一つの証拠が捜査の過程で注目されると、それを裏付ける証拠や、そこから窺《うかが》われる新たな事実を知るための証拠に関する捜査が行なわれることになります。このようにして、誤った見立てをもとに捜査が発展することで、さらなる誤った証拠が収集されてしまうのです。

たとえば、捜査機関が誤った目撃証言に基づいて誤った犯人を見立てていたとします。そうすると、今度はその誤った目撃証言を被疑者に突きつけて、それを事実であると認めさせる形での自白強要が行なわれ、虚偽自白が生まれることになります。このようにして、誤った目撃証言という一つの証拠にとどまらず、虚偽自白という二つ目の誤った証拠が生まれてしまうのです。

このような誤った証拠群の形成においても、人間の心理作用が大きく影響しています。確証バイアスに捜査官が囚われてしまうことによって捜査機関の見立てに沿った証拠や情報を集める「黒の捜査」ばかりが行なわれ、見立てと矛盾する証拠や情報を集める「白の捜査」が行なわれなくなってしまいます。

また、捜査機関の見立てに沿う証拠を一定程度収集した時点で満足してしまい、それ以上の捜査が行なわれなくなるという危険もあります（選択的中止）。

バイアスの影響は一人の捜査官にとどまらず、別の段階の捜査関係者にも影響を及ぼしてしまうことがあります。これを「バイアスのカスケード効果」と言います。

たとえば、あらかじめ鑑定人に「犯人と思しき人物の鑑定資料」などという情報が伝わってしまっていると、鑑定人はそのような予断を抱いた状態で鑑定を行なうことになってしまうので、警察官の見立てに迎合したような鑑定書が生まれるおそれがあります。

また、バイアスが互いに影響しあうことによって雪だるまのように膨れ上がってしまうことがあります（バイアスの雪だるま効果）。警察の見立てを聞いてバイアスのかかった状態で誤った鑑定が行なわれてしまった場合、今度はその鑑定結果を聞いた別の鑑定人も同様に間違ってしまうおそれがあるということです。

加えて、過去の冤罪事件では、自白強要や証拠の捏造、隠滅、改竄などといった捜査機関による不正行為も問題視されています。

近年では、主任検察官がフロッピーディスク内のデータのプロパティを改竄した厚労省元局長冤罪事件（54ページコラム参照）が発生し、袴田事件では3種類の決定的証拠が捏造されたものであったと認定されました。

言うまでもなく、自白の強要や証拠の捏造、隠蔽などは、捜査機関が意図的に冤罪を作り上げるというものであり、許しがたい行為です。

エラーのエスカレーションとは

このような不正行為は見立てに沿った有罪の証拠がなかなか見つからなかったり、見立て矛盾する無罪の証拠が出てきたりした場合に、認知的不協和をなんとか解消してしまおうとする動機から起きるものだと言えます。

それに加えて、捜査官は証拠にアクセスできるという機会があり、また「真犯人という悪を罰するためには多少の不正もやむをえない」という誤った正義感のもと不正行為を正当化してしまうと、ここに動機・機会・正当化の「不正のトライアングル」が揃ってしまうことによって不正行為が生じると説明することができます。

このように、誤った見立てに基づいて捜査が行なわれると、それに沿う誤った証拠が収集されてしまうことになります。一つの誤った見立てが捜査の過程で増幅され、さらなる誤った証拠や情報、見立てを生んでしまうことを「エラーのエスカレーション」と言います。

実際に、戦後日本の代表的な冤罪事件の裁判42件を調べてみたところ、冤罪の原因となった「誤った証拠」（自白、共犯者供述、目撃証言、科学的証拠）が複数種類ある事件は33件（78・6％）であり、一つの冤罪事件で2・14種類の、人を誤らせる証拠が含まれていました。

エラーのエスカレーションは、本来は事実認定が証拠によって行なわれるべきところ、捜査機関の誤った事実認定に基づいて自白強要などが行なわれ、それに沿うように誤った証拠が収集されてしまっていることに原因があります（証拠裁判主義の逆転現象）。

捜査機関内における「誤り修正」の失敗

第４段階は、誤った見立てや証拠が捜査機関の組織的な要因によって看過されてしまうというものです。

捜査において誤った見立てに固執してしまうことはひじょうに危険であるわけですが、見立てのない捜査もまた現実にはありえません。見立てを一切立てるべきでないということではなく、捜査のプロセスにおいてはつねに自らの見立てが正しいかを検証する姿勢を持ちつづけることが重要です。見立てが捜査の各段階でつねに検証され、もしそれが誤っていることが捜査機関内で検出・指摘・訂正されれば、誤った見立てが改められて冤罪を防ぐことができます。

しかしながら、個々人のレベルで誤りは正すべきだという意識を持っていたとしても、捜査官が組織として行動するとき、誤りを正せなくなってしまうというおそれがあります。

たとえば、組織にはそれぞれ固有の組織風土があります。その組織風土がもたらす集団規範は、時に社会常識と乖離することがあり、内部の構成員がそれに順応してしまう結果、極端な組織目的の追求や組織防衛が行なわれてしまうおそれがあるのです。

また、組織における分業化や階層化の結果、組織内のコミュニケーションに齟齬《そご》が生じて、組織であることがむしろ足枷《あしかせ》になるというケースもありえます。

他にも、集団意思決定のリスクとして、同調が生じたり、反対意見が妨げられる結果、集団浅慮（125ページ）が生じたりしてしまうおそれもあります。

これらの結果、組織的に誤りが増強されてしまったり、誤りの検出・指摘・訂正に失敗してしまったりするのです。

刑事裁判への誤った証拠関係の承継

第5段階は、捜査機関が収集した一連の誤った証拠群が、刑事裁判にそのまま提出されてしまうというものです。

誤った証拠群の危険性は捜査を誤らせているということにとどまりません。

捜査機関は犯人の処罰のために必要な捜査を行なうため、基本的に有罪の証拠を集めることになりますから、無罪を立証するための証拠は十分に収集されないことになります。そのため、弁護人から無罪方向の証拠が提出されなければ、裁判における証拠の大半が有罪を示す情報になってしまうことになります。

このようにして、公判において有罪方向の証拠が多量かつ幅を利かせて存在するという

「有罪証拠の誇張化現象」と、無罪方向の証拠は少量でひっそり隠れてしまうという「無罪証拠の縮小化現象」が生じてしまいます。

　裁判にこのような証拠群が提出されるので、被告人が有罪であるという印象が強まり、無罪の発見はむずかしくなります。

弁護活動の不奏功

　ここまでは主に捜査機関側の問題を採り上げましたが、第6段階として被疑者・被告人が有罪であることを示唆する大量の証拠が収集・提出されるために、弁護人もまた自分が弁護すべき人物は真犯人だと思ってしまう危険性があります。また、さまざまな弁護活動の制約から、十分な冤罪弁護をすることができなくなってしまう事態も起きえます。

　まず、弁護士もトンネル・ビジョンや確証バイアスに囚われてしまうということがありえます。かりに被疑者・被告人が冤罪を主張しても、弁護人のほうが「これだけ有罪の証拠が揃っている以上、無罪判決の獲得を目指すのは非現実的だから、罪を認めて情状酌量によって刑を軽減する方向に努力をしたほうがこの人のためになる」などと考え、十分な無罪の主張・立証が行なわれなかった冤罪事件も過去に存在しています。

　また、弁護人が無罪の主張・立証を尽くしたとしても、それを補強する証拠などが十分に得られず、無罪判決に至らない場合もあります（ただし、この場合は誤判の問題であり、本質的には裁判所の責任です）。

そもそも、国家権力である捜査機関の誤りを少数の民間人である弁護人が正すこと自体、容易ではありません。弁護士は裁判所・検察官と違って強制捜査を行なえず、人的資源も限られているため、証拠収集能力などにおいて大きな差があるからです。

加えて、弁護士は裁判官と視点や情報が異なるため、裁判官の心証を把握することがむずかしいということもあります。

これは知識を得ることによって、知識がないときの状態が分からなくなるという「知識の呪縛」や、他人もみんな自分と同じように考えるであろうと信じてしまうという「合意性バイアス」によって説明することができるでしょう。

「疑わしきは被告人の利益に」

第7段階は、裁判所が事実認定を誤ってしまい、誤判に陥るというものです。

たくさんの有罪証拠の中から無実の証拠を見出すことがむずかしいのは裁判官も同じです。

日本の裁判は「当事者主義」と言って、検察官と弁護人の当事者双方の視点から主張・

立証を尽くさせることによって真実を明らかにするという立場に立っています。裁判所は自ら事件を捜査して真実を明らかにするのではなく、検察官・弁護人双方の主張や立証に基づいて審理を行ない、判決を下します。

この当事者主義によって裁判所は中立的な立場から判断することができますが、一方で、当事者が提出していない証拠については、裁判所は知ることができなくなってしまいます。つまり裁判に「死角」が生まれてしまいます。

また、裁判官も人間ですから、予断・偏見やバイアスといった心理作用によってトンネル・ビジョンに陥ってしまうおそれがあります。

実際の裁判に対しても「裁判官の直感的・印象的判断によって事実認定がなされている」という批判や、「証拠が薄い部分を裁判官自らが補って有罪判決を宣告している」という批判がなされています。

弁護側の唱える無罪主張を「抽象的可能性」と捉えて切り捨てる一方で、検察側の有罪主張について「否定できない」「可能性がないとはいえない」などと捉えて排斥せず、有罪認定してしまうという認定手法も問題視されています。

本来、刑事裁判には「疑わしきは被告人の利益に」という鉄則があります。
検察官が立証責任を負い、裁判官が証拠調べを尽くしても検察官の立証する事実が存在するかどうか分からない場合には、裁判所は被告人の利益になるように扱わなければなりません。

この刑事裁判の鉄則が正しく適用されないと誤判冤罪が生まれてしまいます。

特に、裁判官が「証拠は薄いがこの被告人が犯人の可能性が高く、有罪にしなければ犯罪者を野放しにしてしまうかもしれない」と治安維持を図る思考に陥ってしまうと、この刑事裁判の鉄則が骨抜きになり、誤判冤罪が生まれてしまうことになります。

誤りは連鎖する

ここまでお話ししてきた「冤罪の構図」から分かるとおり、冤罪は何か一つの誤りによって生まれるものではありません。

人間の認知的限界や心理作用、構造的な問題によって、一つの誤りが別の誤りを引き起こし、複数の誤りが連続的・複合的に連鎖し、誤りが強化されることによって生ずるのです。

そしてこれらは単に捜査関係者の中だけで起きるのではありません。裁判官、弁護人もそうした誤りの連鎖に巻き込まれていきます。刑事司法関係者だけではなく、報道やSNSによって一般市民もこの誤りに巻き込まれてしまうこともありえます。

つまり現代を生きる、誰もが冤罪という誤りに対して他人事では済まされないということです。

そして、冤罪はまるで雪だるまのようにより複雑で大きく膨れ上がった誤りである以上、それを一人で正すことはできません。

雪冤《せつえん》にはたくさんの人たちの努力が必要になります。

私がこれまで無罪判決を勝ち取った冤罪事件も、他の弁護人や被告人本人の尽力のほか、先人の知恵や研究を裁判に生かすことによってようやく雪冤できました。

また、冤罪を救済するための裁判に加えて、捜査や裁判の仕組みを法改正などによって改善するためには、たくさんの人たちの理解と支援が必要不可欠です。

そのためにもまず、少しでも多くの人に冤罪のことを知ってもらい、たくさんの人の力をもとに刑事司法制度をより良いものにしていきたい——そういう願いを抱いて、本書を執筆している次第です。

（2）裁判における「事実」とは何か

「神のみぞ知る真実」と「裁判における真実」

冤罪防止は真犯人の発見と表裏の関係にあります。

すなわち、犯人を間違えないことと、真犯人を見つけることは同じなのです。

そして、両者のカギは「どのように事実を認定するのか」ということです。

「真実はいつも一つ」という言葉がありますが、ここで言う「たった一つの真実」とはいわば「神のみぞ知る事実」です。これは「客観的真実」と呼ばれています。しかし、我々人間は過去の出来事の、客観的真実をすべて知ることはできません。

たとえば、私が1個のリンゴを見ているときにリンゴの裏側は見えていません。それと同様に、自分自身に起きた出来事でも、自分の背後で何が起きているかを見ることはできないでしょう。

人間はそもそも事件が起きたときにそのすべてを知ることはできないのです。別の言い方をすれば、人の視点の数だけ違った真実があるということになります。

これに対し、裁判において供述証拠や物的証拠から導かれる真実は「訴訟的真実」と呼ばれています。

訴訟的真実は、必ずしも客観的真実とイコールではありません。

まず、裁判で証拠調べ請求された証拠のすべてが採用になるわけではありません。伝聞の証拠や違法に収集された証拠など、一定のハードルを越えられない証拠は裁判のルール上排除されることになっており、そうした選別をパスした証拠のみから訴訟的真実は構成されることになります。

また、そうした選別をパスしたとしても、たとえば目撃者や鑑定人などによる供述証拠は、リンゴの裏側を見ることはできないというような認知能力の限界があるため、客観的真実のすべてを語ることはできません。

このように、いかに裁判といえども「神のみぞ知る真実」（客観的真実）を認定できるわけではなく、認定した事実はあくまで有限な証拠と推理をもとに到達した可能性判断にすぎないのです。

裁判がこのような訴訟的真実に基づいて判断することが正当化されるのは、その判断内容が社会常識に合致するものであり、また客観的に見て納得のいく合理的な証拠に基づいた結論だと考えられているからです。もし、論理に飛躍があったり、信じるに足る証拠や経験則に基づいていなかったりしたら、その判決は上級審において破棄されなければなりません。

このように厳しい精査を経た裁判であっても、人が人を裁く以上、時として誤判、つまり誤った判決が下されることは歴史的に明らかになっています。

証拠を吟味する

この事実を認定する手法に関して、裁判所では「事実認定」という営みとして研究が積み重ねられてきました。

この事実認定には大きく分けて二つのパターンがあります。

一つ目は、証明すべき事実（犯罪など）について直接証拠があるパターンです。

たとえば、窃盗事件で万引きしている様子がお店の防犯カメラに映っていた、痴漢事件で被害者が犯人の顔を見ていた、殺人事件で被告人が自白している、というように、犯罪が行なわれた事実を直接証明する証拠（証言も含む）が存在する場合を言います。

これらの場合は、防犯カメラ映像が加工や編集などされておらずそのままを写したものであるかどうか、被害者の証言や被告人の自白が信用できるかどうかといった、直接証拠の信用性が問題になります。直接証拠があったとしてもそれをそのまま鵜呑みにすることはできません。それらが信用に足る証拠であるかを改めて判断することが重要になってきます。

特に自白の信用性についてはより慎重な判断が必要です。

歴史的にも虚偽自白の危険性（次節で詳述）が明らかになっていることから、任意性のない自白は排除される自白法則や、自白だけしか証拠がない場合には有罪にすることができないという補強法則というルールが存在します。

「指紋の付着したナイフ」は信用できるか

二つ目は、このような直接証拠がないパターンです。

たとえば、ある男性が殺された殺人事件において、目撃証言や自白といった直接証拠は存在しないものの、凶器のナイフに被告人の指紋が付いていた、被告人の家に被害者の血痕が残っていた、犯行現場から被告人と同じDNA型が検出された、というような場合を言います。

このような場合、指紋や血痕、DNAといった証拠があったとしても、それ自体が直接的に犯行を証明するものではありません。犯行とは別の理由で、被告人の痕跡が残っていただけにすぎないかもしれないからです。もっとも、被告人が凶器のナイフを握ったことがあるという間接事実を証明することでその犯行が状況的に裏付けられるため、これらはいずれも間接的に犯行を証明する証拠と言えます。このような証拠を「間接証拠」（状況証拠）と言います。

この場合には、本当にそのような間接事実が認められるのかということを検討したうえで、それらの間接事実が認められる場合にはそれぞれの間接事実がどのような意味を持つのかということを考えなければなりません。つまり凶器のナイフに本当に指紋が付いていたか、その指紋は被告人のものと同一であったかどうかをまず検討し、そのうえで、それが犯行につながる証拠と言えるかを検討する必要があるというわけです。

最高裁判所は、このような間接事実を総合して犯人であることを推認するためには、認定された間接事実中に「被告人が犯人でないとしたならば合理的に説明することができない（あるいは、少なくとも説明が極めて困難である）事実関係が含まれていなければならない」と判示しています（最判平成22年4月27日刑集64巻3号233頁）。

合理的な疑い

そして、いずれのパターンも気をつけなければならないのは、他の可能性の合理的な疑いが考えられないかということです。

裁判にかけられた被告人の指紋が凶器のナイフに残っていて、被告人の家に被害者の血痕が残っていて、犯行現場に被告人のDNA型が残っていたと聞けば、この被告人が殺人事件の犯人である可能性はひじょうに高いように見えるかもしれません。

しかし、起訴された被告人が亡くなった被害者と同居していた妻であったらどうでしょう。

妻が「そのナイフは私がいつも調理で使っています。家に夫の血がついていたのは家の中でけがをしたことがあったからだと思います。犯行現場の家も私が住んでいたので私のDNA型が残っているのは当たり前です」などと話した場合、これらの証拠が存在することはすべて合理的な説明がつくことになり、妻が犯人ではない合理的な疑いが認められますので、これだけの証拠では妻を犯人だと推認することはむずかしいでしょう。

これらの証拠に加えて、たとえば、犯行当時に家が密室で、外部犯や自殺の可能性がまったくなく、妻しか殺人を行なえないような状況があったと証明された場合には、妻が犯人でないとしたならば合理的に説明することができない（少なくとも説明が極めて困難である）状況があり、妻が犯人であることを推認できることになるでしょう。

人の話が本当かどうかの見極め方

普段、私たちが人の話が本当かどうか見極めるとき、その人が嘘をつきそうな性格かどうか、その人が信頼できる人物かどうかということを手がかりにすることが多いと思います。

しかし、物事を客観的・中立的に判断する裁判においては、そのような主観的な事情はあまり考慮すべきではありません。世間から信頼されている人であっても嘘をついたり間違っていることを述べたりすることはあるでしょうし、悪い人だって本当のことを言うかもしれないからです。

ではどのようにして人の話が本当かどうかを見極めるのでしょうか。

最も重要なのは、その証言を裏付ける客観的な証拠があるかどうかです。

たとえば、殺人事件において目撃者が「彼が犯人だ」と特定した被告人の指紋が凶器から検出された場合、目撃証言は指紋という客観的な証拠によって裏付けられていることになります。

反対に、目撃者の話が客観的な証拠と矛盾していたり、目撃者の話を前提にすれば本来あるべき客観的な証拠がなかったりした場合、それ自体がこの目撃者の証言の信用性を低減させる事情として考慮されます。たとえば、目撃者が「犯人が出血していたのをこの目で見ました」と言っているのに、犯行現場に残っていた血痕の血液型が被告人のものと一致しなかったとき、その証言は客観的な証拠と矛盾するため、信用性の低いものになるでしょう。

間違えないための思考法

「何が真実か」という視点はもちろん重要です。しかし、人間は直感的な判断を避けることができない生き物であり、印象に基づく判断によって間違えてしまうこともあります。このような状況で冤罪を避けるためには、「何が正しい事実なのか」だけではなく「何が間違いない事実なのか」という観点を踏まえて事実を見極めることが重要だと思います。

裁判においても、まずは誰の目から見ても明らかな客観的な事実を「動かしがたい事実」として、それを事実認定の大前提にするところから始めます。そのうえで、検察や弁護人が提出していく証拠を吟味し、それらから「これは間違いないだろう」と言えるような、できるかぎり堅い推認を積み上げていくことになります。

このように、「何が間違いないのか」という視点こそが、間違えないための思考法のカギになると思います。

四大冤罪証拠とは何か

刑事裁判にはさまざまな証拠が提出されます。

たとえば、万引きによる窃盗事件の裁判では、犯行を目撃した店員の目撃証言や盗まれた商品に付着した指紋に関する科学鑑定のほかに、その商品がレジを通っていないことに関する報告書、その被害金額や外観に関する報告書、被告人の所持金や所持品に関する報告書、被告人の入店時刻や犯行時刻に関する報告書、被告人の供述を記録した供述調書などの証拠が請求されます。

このようなさまざまな証拠の中でも、特に①虚偽自白、②共犯者の虚偽供述、③目撃供述、④科学的証拠については、昔から人を誤らせる危険のある証拠類型だと世界的に言われつづけてきました。

実際に、日本における戦後の代表的な冤罪事件42件を調べたところ、次の証拠がそれぞれの事件に含まれていたことが分かりました。

自白…69％
共犯者供述…35・7％
目撃供述…45・2％
科学的証拠…62・7％

私はこれら4つの証拠を「四大冤罪証拠」と呼んでいます。そして、これらの数字は同じような原因に基づいて同じような冤罪が再生産されていることを示唆しています。

(3) 日本における「自白偏重」の伝統

「証拠の女王」

古くから自白は「証拠の女王」と呼ばれ、犯人であることを指し示す決定的な証拠だと考えられてきました。

嘘をつくのはもっぱら自分の利益を守ったり、あるいは自分の罪を隠したりするときであり、犯してもいない罪を自白して自分にとって不利な嘘をつく理由など何もないなどとして、自白が決定的な有罪の証拠とみられてきたわけです。

しかし、現実には取調官による自白強要などによって、嘘の自白（虚偽自白）をしてしまうことはけっして少なくありません。

実際、自白は日本における代表的な冤罪事件42件中29件（69％）と四大冤罪証拠の中では最も大きい割合を占める冤罪原因になっています。

これほどまでに自白が冤罪事件において主要な要因になっているのは、現代まで脈々と受け継がれる日本の自白偏重の歴史に由来しています。

江戸時代の法制度では、慣例により有罪判決を下すためには「吟味詰之口書《ぎんみづまりのくちがき》」によらなければならないものとされていました。

これは現代における自白調書です。この自白調書があれば他の証拠がなくても有罪判決を下すことが可能であったため、江戸時代においては自白調書をとることが「吟味」（取調べ）における最重要目標とされていました。

なぜ拷問が必要とされたのか

そして、自白を得るためにしばしば拷問が用いられていました。具体的には、笞打《むちうち》・石抱《いしだき》（膝の上に重石《おもし》を乗せる）・海老責《えびぜめ》（緊縛）・釣責《つりぜめ》（宙吊り）などの拷問がありました。下手人《げしゅにん》（被疑者）は読み聞かせられた「吟味詰之口書」に対して異議を唱えることもできたようですが、その場合には再び拷問が加えられました。

なぜこれほどまでに自白が要求されたのでしょうか。

一説によれば、江戸幕府はそのご威光を人民に承認させ、信頼させ、裁判によって定まる幕府の命令を遵守させる必要がありました。そのためのプロセスとして、お裁きに自白が求められたと言われています。

容疑者が奉行所のお白洲《しらす》（法廷）で無罪を主張することは幕府にとって体裁が悪かった

徳川時代の取調べ　『徳川政刑史料 拷問實記』より

のではないかとも言われており、奉行所に送致する前の「下吟味《したぎんみ》」がいわば予審的な働きをしたと考えられているのです。

また、江戸時代は言うまでもなく科学的捜査が未熟でした。そこで物的証拠よりも人証に頼らざるをえず、中でも自白に最大の信頼が置かれていたため、本人から真実が語られないままに裁判をすることはできないと考えられたのではないかとも言われています。その他、犯罪捜査において自白は共犯の発見や主犯の確定、余罪の追及などのために最も迅速かつ容易な手段であったことも、自白が重視された理由と考えられているようです。

江戸時代においては無罪判決も複数宣告されていたようですが、拷問によって無実の者が虚偽自白をして処罰された例もあったことを窺わせる文献も残っています。

例えば、大岡裁きで知られる名奉行の大岡越前守忠相《おおおかえちぜんのかみただすけ》は、将軍・徳川吉宗から「(裁きで)何人くらい殺したか？」と問われ、

「二人殺しました」

「死罪にふさわしい罪を犯して処刑された者たちは、私が殺したのではありません。私が殺したと申し上げた二人のうち、一人は私の僉議《せんぎ》(取調べ)が厳しすぎたために、犯してもいない罪を自白して死刑となった者。もう一人は、死刑になるほどの罪人ではなかったのに、判決が下る前に牢死(牢内で死亡)した者です」

と答えたといいます（氏家幹人『江戸時代の罪と罰』草思社、２０１５年より）。

お雇い外国人ボアソナードの衝撃

犯罪者の処罰において自白調書が必要であるという一種の法定証拠主義は大政奉還による江戸幕府の終焉後も続いており、１８７３年（明治６年）制定の改定律例《りつれい》においても有罪判決を下すためには自白が必要とされ、自白がない場合には拷問が加えられました。

この状況を変えたのは、フランスから来日し、民法、刑法や訴訟法などの草案を作ったことで知られる日本近代法の父・ボアソナードでした。

その彼が在日中、法学校での講義に出かける道すがら、裁判所の建物内で悲鳴を耳にしました。不思議に思って確認してみると、被告人が三角の木の上に座らされ、膝の上に石の板を３～４枚置かれた状態で拷問されていたのです（石抱）。

フランスではすでに拷問が廃止されており、ボアソナードはこの拷問を目撃して衝撃を受けました。彼はその場で拷問に抗議し、帰宅すると日本政府に宛てて「拷問は人道・正義に反する」とその廃止を訴える手紙を書きました。

このボアソナードの訴えを機に拷問廃止論が促進されました。拷問を廃止することによる治安悪化を懸念する反対論もあったものの、日本政府は近代化によって諸外国との関係を公平なものとするため最終的に拷問を廃止しました。

このような近代化の流れの中で、「凡《オヨ》ソ罪ヲ断ズルハ証ニ依《ヨ》ル」と証拠裁判主義が定められ、自白に関する法定証拠主義も終わりました。

現代にも残る取調べ偏重と自白強要

1946年（昭和21年）に日本国憲法が公布され、翌年施行されたところ、同憲法の第38条3項で「何人《なんびと》も、自己に不利益な唯一の証拠が本人の自白である場合には、有罪とされ、又は刑罰を科せられない」と自白の補強法則が規定されました。

自白の補強法則とは、自白を補強する証拠がない限り、自白だけでは有罪判決を宣告することができないというものです。拷問による自白の強要がなくなったとはいえ、依然として自白偏重主義だった日本の刑事手続史上、特筆すべき出来事とされています。

しかし、その後も自白や証言に依存した捜査手法は続き、問題視されてきました。

捜査機関からすると、物的証拠のみによる真相解明には限界があるほか、物的証拠が残りにくい犯罪においては被疑者供述なくして真相解明が困難です。特に、日本における犯罪の処罰は「故意」や「過失」といった主観的な要件が要求されていることや、法定刑の幅が広く、処罰にあたって情状事実が相当程度考慮されていることから、捜査機関にとっ

諸外国の取調べ時間は日本よりはるかに短い

国	取調べ時間・回数
アメリカ	1〜2時間から数時間程度。
イギリス	30分以内が大部分を占める。
フランス	警察留置中を通じて、数回、合計数時間。
ドイツ	1回から数回程度。
イタリア	回数はせいぜい1回、時間は1時間から2時間程度。
オランダ	重大事件の場合、最大6日と15時間、勾留され、取調べられる。勾留後は必要に応じて取調べられる。
オーストラリア	被疑者を逮捕する事件のみ1回だけ。概ね1時間以内の取調べを行う。
韓国	長時間にわたり取調べを行い、否認する被疑者を説得・追及して真実の供述を得ようと努めることも少なくない。
中国（香港）	取調べは通常、逮捕後48時間以内に限定される。

法務省が2011年（平成23年）に公表した国外調査結果報告書による

ては犯罪事実だけでなく動機・経緯を含んだ事件全体の真相を解明する必要があります。

こうした状況のために、最もよく真相を知っていると思われる被疑者の取調べが重視され、その捜査手法がずっと受け継がれてきたのです。

また、日本が世界的にひじょうに良好な水準の治安を維持している理由として、被疑者取調べを中心とする迅速かつ効率的な捜査が治安維持に貢献しているという信念も、この被疑者取調べの重視を維持する要因になっています。

そして、このような被疑者取調べの重視は、「取調べで被疑者の弁解を聞くことによって冤罪を晴らすこともできる」という考えや、「自白によって被疑者を改善更生させることができる」という信念から正当化されてきたのです。

こうした供述依存型の捜査は効率化などをもたらしたかもしれませんが、その一方で虚偽自白による冤罪事件などの弊害を生んできたとも言えます。

異様に長い日本の取調べ時間

この自白重視という傾向は、取調べの長時間化にもつながります。事実、日本の取調べ時間は国際的に見てひじょうに長いことが特徴です。

法務省が2010年（平成22年）に行なった調査によれば、被疑者1人あたりの平均取調べ時間は約22時間（裁判員裁判対象事件では約43時間）でした。罪種別に見ると、殺人事件が約51時間、傷害致死が約63時間、公職選挙法違反が約70時間、収賄事件が約130時間となっています。被疑者が当初（弁解録取時）否認していた事件は1692件あったところ、このような長時間の取調べの末、終局処分（検察官による起訴・不起訴の処分）までに自白に転じた事件は861件（50・8%）にものぼっています。

法務省が2011年（平成23年）に公表した国外調査結果報告書によれば、各国の取調べ時間は171ページの表のとおり、日本とは大きく異なり、数十分から数時間の国が多くを占めています。このように諸外国と比べてみると日本の取調べが異様に長いことがお分かりいただけると思います。

アメリカの研究の中には取調べ開始後6時間を超えると虚偽自白のリスクが高くなると報告しているものもあることからすると、いかに22時間という数字が危険かお分かりいただけるのではないでしょうか。実際に、日本でも約6時間の取調べで虚偽自白に至った宇和島事件という冤罪事件が存在します。取調べ時間が長いと、その取調べを録音録画しても分析が困難になりますし、弁護人が取調べに立ち会うこともむずかしくなってしまいます。日本も長時間取調べを規制し、供述依存型捜査から脱却する必要があると思います。

（4）日本が「人質司法の国」と言われるわけ

日本の刑事司法の大問題点とは

長時間取調べの温床として、特に日本では無実を主張する人ほど身体拘束がされやすく釈放されにくいという「人質司法」が問題視されています。

この人質司法は、虚偽自白や非対等な防御を誘発することによって冤罪の原因にもなっています。なぜこのような人質司法が生まれるのでしょうか。

日本ではどのような理由に基づいて被疑者・被告人を身体拘束しているのかということから説明しなければなりません。

よくある勘違いとして「逮捕された人は罪を犯しているので、刑事裁判までの期間も処罰として身体拘束がなされる」というものがあります。

しかし、人は刑事裁判で有罪判決を受けるまで無罪であることが推定される無罪推定原則（憲法31条、自由権規約14条2項）があるため、その人が有罪であることを前提とした未決拘禁はすることができません。

また、「取調べのために身体拘束をする必要がある」という考えも誤っています。日本には黙秘権（憲法38条）があり、取調べをする必要があったとしても、そのすべてに黙秘する権利がある以上、それは身体拘束をする理由になりません。

加えて、「再犯を防止するために未決であっても拘禁をする」という考えも現代の日本では採用されていません。このような犯罪防止のための身体拘束は「予防拘禁」と言って、犯罪事実が確定していないにもかかわらず危険人物というだけで身体拘束をするという考えに基づくものであり、日本では思想弾圧が行なわれた歴史の反省も踏まえて否定されています。

実際のところ、日本では、

刑事裁判への出頭を確保し、証拠隠滅を防止すること

有罪判決がなされた場合に刑の執行を確保すること

を目的として、身体拘束をすることになっており、この考え方自体は刑事裁判実務において確立したものとなっています。

そのため、①罪を犯したと疑うに足りる相当な理由の存在、②住居不定、並びに罪証《ざいしょう》隠滅または逃亡すると疑うに足りる相当な理由があるとき、③勾留の必要性、といった各要件が揃った場合にのみ、刑事裁判までの期間において勾留（身体拘束）することになっ

ています（刑事訴訟法60条など）。

なお、無罪推定原則がある以上、起訴された場合にも保釈が権利として認められている（権利保釈）のですが、「被告人が罪証を隠滅すると疑うに足りる相当な理由があるとき」といった要件が認められる場合などには保釈は認められないことになっています。

無実を主張するほど身体拘束が長引くわけ

統計上、2021年の通常第一審における保釈率は自白事件が32・9％、否認事件が26・5％であるところ、自白事件はその70・9％が起訴後1か月以内に保釈されているのに対し、否認事件は34・3％しか保釈されていません。

つまり、否認事件のほうが自白事件よりも保釈率が低く、身体拘束が長期化する傾向があります。このように、裁判で無実を争うほど身体拘束が長引くという人質司法は統計資料によっても裏付けられているのです。

この人質司法の原因となっているのは、「罪証を隠滅すると疑うに足りる相当な理由」という身体拘束の要件に関して確立された法律解釈と、それに基づく運用です。

罪を認めて自白している人については、刑事裁判で有罪になることは予定されていて後は量刑審理だけであり、証拠隠滅をする動機が低減され、隠滅可能な証拠も少ないため、証拠を隠滅する可能性が低く見られています。そのため、勾留請求が却下されたり、保釈が認められやすかったりします。

一方で、罪を認めずに争っている人については、刑事裁判で有罪・無罪が争われることになりますから、情状事実だけでなく犯罪事実に関する証拠についても証拠を隠滅する余地が生まれます。さらに、無罪判決を目的として容疑を否認したり、黙秘したりすると、証拠を隠滅する動機が否定できないものと考えられてしまいます。そのため、罪証を隠滅する理由があるとして勾留がされ、保釈が認められにくくなってしまうのです。

これらの結果、法律上は身体不拘束が原則であるはずなのに、無実を主張する事件の多くは「罪証を隠滅すると疑うに足りる相当な理由」があるとして、釈放は例外的にしか認められないような実務運用になってしまっています。

「人質司法」とは何か

それでは、上記のような解釈運用がなされている状況で、罪を犯したと疑われている人が無実を主張するとどうなるのでしょうか。

まず、罪を認めて争わない人よりも、無実を主張する人のほうが身体拘束されることになり、しかもそれが長期化することになります。身体拘束はひじょうに過酷で、肉体的にも精神的にも負担になります。

そのため、無実を主張したいと思っている人も、身体拘束されているのは容疑を自白せずに争っているのが原因だと考え、こうした負担から逃れるため罪を全面的に認めたり、あるいは一部を認めて裁判上の争点を減らしたりすることによって釈放されたいと考えることになります。このようにして、人質司法によって虚偽自白が誘発されることになります。

また、刑事裁判では、捜査機関が事情聴取して集めた供述調書について、被告人が同意しなければ採用されません。そのため、無実を証明するためには、捜査機関にとって有利なことしか書かれていない供述調書には同意せず、法廷での証人尋問によって事実を明らかにするという手段を採ることになります。

ところが、この証人も口裏合《くちうら》わせなどによる「罪証隠滅」の対象ですので、証人の数が多いほど「罪証隠滅」という要件が認められやすくなってしまいます。そこで、早く釈放してほしいと願う人は証人尋問の機会を放棄して供述調書に同意することで証人の数を減らそうとすることになり、不利な立場で裁判を進めざるをえなくなってしまいます。

これらのように、身体を拘束されている人にとっては、あたかも自分の身体が人質として扱われ、身体拘束から解放されるために自白や供述調書への同意、証人尋問を放棄することを余儀なくされ、裁判が不利になるように導かれていくのです。

このような刑事司法実務の運用に対して、被告人の身体を取引材料にして被告人にとって不利な状況を引き出していく状況を表現する「人質司法」(Hostage Justice)という言葉が生まれ、日本の司法制度は国際的にも批判されているのです。

プレサンス元社長・山岸忍さんに対する人質司法

前にご紹介したプレサンス元社長冤罪事件(第2章)で逮捕・勾留された山岸忍さんは当初、「逮捕は何かの間違いですぐに出ることができる」と思っていましたが、まったくそのようなことはありませんでした。

そればかりか社長が逮捕されたということでプレサンス社の株価は急落し、会社は危機に陥ります。山岸さんは会社を守るために社長を退任することを決断しました。自身が育てた子どものような会社を失うことはとても辛《つら》かったと言います。

辛いのはそれだけではありませんでした。拘置所では家族とも自由に会えず、太陽を見ることすら許されない環境で、山岸さんはいわれのない罪で囚われたことに対するやり場のない憤りや焦燥感に24時間襲われていました。

しかも起訴された後、部下と取引先社長はすぐに保釈されましたが、無実を訴える山岸さんだけ保釈が却下されつづけました。

山岸さんはまさに「人質司法」を体験したのです。

当時の状況について、山岸さんは次のように語っています。

「独房内は無機質なうえ、とにかく狭く、監禁されているということもあいまって、精神的な圧迫感が心をむしばんでいく。

ひとりぼっちで話し相手のいないことで、気が変になりそうだった。年末になると刑務官の数すら少なくなってくる。

案の定、精神的にまいってしまった。たったひとりで壁を見つめていると、グニャーっとゆがんで見えてくる。

(アカン、幻覚が見えるようになってしもた。このままやったら廃人になってまう)

おかしくなっていく自分のことが怖かった」

「拘置所の中で過ごしているこの1分1秒がすべてストレスなのである。

わたしがなにか世間に顔向けできないことをしていて、その罰としてこういう目に遭っているというなら、納得がいくし、あきらめもつく。

でも、わたしはなにもしてないのだ。それなのに、裁判所も検察官も「なにもしていないかどうかを決めるために、そのまましばらく我慢していろ」と言う。しかも、「しばらく」がいつ終わるのかもわからない」

（山岸忍『負けへんで！ 東証一部上場企業社長vs地検特捜部』文藝春秋、2023年より）

私の目には、拘置所の面会室で自身の苦境と理不尽を必死に訴える山岸さんの姿が今も焼き付いています。

最終的に、山岸さんの身体拘束は合計248日間に及びました。

検察官は「山岸さんが共犯者らを強く威迫して有利な供述を強《し》いるおそれが具体的に認められる」などと主張し、保釈に強硬に反対しました。その後、この事件では検察官が共犯者らの取調べで机を叩き大声で怒鳴るなどして見立てに沿う供述を強要していたことが判明することになります。つまり、共犯者らを強く威迫して有利な供述を強いていたのは、山岸さんではなく検察官のほうだったのです。それなのに、有罪を認めている共犯者らよりも、無実を主張する山岸さんだけが長期間の身体拘束を受けることになりました。

このような人質司法は理不尽以外の何物でもありません。

人質司法によって失われた命――大川原化工機事件

大川原《おおかわら》化工機事件（188ページコラム参照）という冤罪事件では、人質司法によって無実の人の命が失われてしまいました。

この事件では、２０２０年３月、大川原正明《まさあき》社長ら３名が逮捕・勾留されましたが、無実を主張したため３３２日間も保釈されませんでした。

しかも同社の相談役だった相嶋静夫《あいしましずお》さんは逮捕から約半年後に重度の貧血が見つかり、胃がんが判明しました。しかし、検査や手術などの治療は一向に始まらず、弁護人は治療のために保釈を請求しましたが「証拠を隠滅するおそれがある」という理由で８度にわたり保釈は却下されてしまいました。

保釈されず、治療すら受けられない相嶋さんに対して、妻は面会で「ここで嘘をついて認めてしまったらどう？　ここまできたら、もう嘘をつくしかしょうがないよ」と言いましたが、相嶋さんは信念を貫き通し、無実を主張しつづけました。

勾留中の相嶋さんの治療を引き受ける医療機関はなかなか見つからず、貧血の発覚後１か月以上経ってようやく勾留が執行停止されて病院に入院したものの、３か月後の２０２１年２月に相嶋さんは胃がんで亡くなりました。

検察官はその後、実験によって有罪立証が不可能と判明したことにより、自らの起訴を取り消しました。この異例の事態によって刑事裁判は終結するのですが、それ以後、今に至るまで国側は謝罪や検証を一切していません。

相嶋さんの妻は、メディアの取材に対し、「警察官には主人のお墓の前で謝罪してほしいし、遺族に対しても謝罪してほしい。それが人間としての道じゃないかと思うんです」と語っています。

大川原社長らは、「人質司法は絶対に許されてはならない」「無実の市民を11ヶ月間拘束した背景に何があったのか、真相は公にされなければならない」という思いから、国を訴える国家賠償請求訴訟を提起しました。

この国家賠償請求訴訟について、東京地裁は公安部による逮捕・取調べと検察官による起訴に関して違法を認定しました。

大川原社長は記者会見において、「勾留中は毎日体力と精神力を削られ、『早く出るために罪を認めるのが得策だろうか』と悩む日もあった。冤罪を防ぐには、すべての人が捜査機関と対等に闘うための対策が必要だ」と語りました。

また、大川原社長とともに逮捕・勾留されていた島田順司《しまだじゅんじ》元取締役は、「疑いがあるというだけで長期間の拘束が正当化され、自白を求める今の人質司法は1日も早く是正されてほしい。警察と検察は、冤罪被害者を再び生まないよう自己検証し再発防止に努めてほしい」と語っています。

角川人質司法違憲訴訟

２０２４年、いわゆる東京五輪汚職事件によって逮捕・勾留された株式会社ＫＡＤＯＫＡＷＡ元会長の角川歴彦《かどかわつぐひこ》さんは、２２６日間の非人道的な身体拘束を受ける中、高齢で心臓の持病もあったため２度も倒れました。拘置所の医師からは「生きている間にはここから出られませんよ」と言われ、死を覚悟したそうです。このような経験を踏まえ、角川さんは人質司法が憲法と国際人権法に反しているとする人質司法違憲訴訟を提訴しました。この角川人質司法違憲訴訟には、私も弁護団の一員として参加しています。

この裁判では「人身の自由や身体不拘束原則といった憲法及び国際人権法上の自由・諸原則に基づいた法令解釈をすべきであり、従前の法解釈とそれによって生まれる人質司法は憲法と国際人権法に反している」ということを訴えています。

実際に人質司法によって生死をさまよった角川さんは、自身の人間としての尊厳を取り戻すとともに刑事司法に携わる一人一人の人間性を問い直す「人間の証明」（同氏の著書タイトル、リトル・モア、２０２４年）という営みを通じて、人質司法を是認する刑事司法を根底から正すために訴訟を提起しようと思ったと言います。

私も、角川さんの冤罪を晴らさなければならないと思うとともに、司法に携わる人々の人間性や司法の力を信じており、冤罪を生み出す日本の人質司法を何としてでも正さなければならないと思っています。

人質司法の解消に向けて

２０１９年、日本の研究者や法律実務家の合計１０１０人が「『人質司法』からの脱却を求める法律家の声明」を法務省に提出しました。

また２０２３年には、国際人権団体ヒューマン・ライツ・ウォッチが「日本の『人質司法』保釈の否定、自白の強要、不十分な弁護士アクセス」を公表して人質司法問題の解消を求め、冤罪救済団体イノセンス・プロジェクト・ジャパン（後述）との共同プロジェクト「ひとごとじゃないよ！人質司法」が始動しています。

国に対して「人質司法」裁判を提起した角川歴彦氏

このように人質司法の是正を求める動きは広がってきたものの、未だ解消されていません。

刑事裁判において無罪を主張するほど身体拘束が長引くというのは裁判を受ける権利の侵害であり、他でもない裁判所が公平な裁判を受ける権利を侵害するということはあってはなりません。そのうえ、人質司法は虚偽自白や対等でない裁判を生み出し、誤判冤罪の原因になってしまうことから、1日も早く解消されるべき問題です。

元裁判官として、逃亡や証拠隠滅を防いで公正な刑事裁判をしたいという裁判官の気持ちや、実際に逃亡や証拠隠滅がされてしまっている事件を多数見聞きすることでその可能性を高く見積もってしまう感覚はよく理解できます。

しかし、裁判官が自白を強要する意図がなかったとしても、現在の自白と否認で差が生まれる実務運用のもとにおいては、釈放を求めるために虚偽自白などが生まれてしまう現実が存在します。裁判官が証拠隠滅のない公正な裁判をしたいと思って被疑者・被告人の身体拘束をすればするほど、人質司法によって虚偽自白などが生まれてしまい公正な裁判が実現できなくなっていくわけですから、これでは本末転倒だと思います。

裁判で無実を訴えるほど身体拘束されるということは、誰が聞いたとしても理不尽だと思います。裁判の準備が最も必要なはずである無実の人たちが身体拘束されて準備をすることができず、罪を自白し刑を受け入れている人たちは身体拘束から解放されるという状況は不合理ですし、身体拘束が無罪主張に対する「制裁」として機能してしまっているとも言えます。

「十人の真犯人を逃《のが》すとも、一人の無辜《むこ》（無実の人）を罰するなかれ」という法格言が通用する刑事手続において、無実の人ほど身体拘束がされやすく長期化してしまう理不尽な実情を「必要悪」として正当化することはできないと思います。

公正な裁判のためには、法律に忠実に身体拘束は例外的なものとして運用し、人質司法を解消して早期の身体拘束からの解放を実現することが必要だと思います。

そして、二度と人質司法で苦しむ人がでないよう、立法、解釈運用、法適用、検証のすべてにわたって、憲法やグローバル・スタンダードに沿った刑事司法への是正が必要です。

コラム3　「人質司法」大川原化工機事件

大川原《おおかわら》化工機株式会社が噴霧乾燥機を輸出した件について、2020年3月、警視庁公安部は経産省の所定の許可を得ずに輸出したとして外国為替および外国貿易法違反で同社の代表取締役、常務取締役、相談役を逮捕した。

弁護人はこの3人に対する保釈請求をしたが、検察側は黙秘などの供述状況に鑑みるに、釈放すれば3人は証拠隠滅を図る可能性が高いなどとして反対意見を述べ、保釈請求は却下されつづけた。

この間、同社相談役は体調を崩し、拘置所の医師によって進行胃がんと診断されるが、それでも検察は保釈に反対し、裁判所も保釈請求を却下した。結果、相談役は適切な医療を受けられず、勾留中の身のまま死亡する。またほかの2名も保釈されるまで11か月を要した。

ところが、2021年7月、検察は理由の説明をすることなく、公訴の取消しを申し立て、それに基づいて裁判所は公訴棄却決定を出して、裁判は突如、終結する。

この事態を受け、大川原化工機側は国と東京都に対して国家賠償請求を提起し、

２０２３年12月、東京地裁は約１億６２００万円の支払いを命じた。

この他、相談役の遺族が拘置所の医療体制に問題があったとして国に損害賠償を求める裁判を起こしており、また大川原化工機側は警視庁公安部の捜査員だった２人を虚偽有印公文書作成、同行使などの疑いで刑事告訴した。

(5) 虚偽供述を産み出す捜査手法とは

なぜ無実なのに「自白」をしてしまうのか

日本で自白が重視され、人質司法を温床とする長時間の取調べが行なわれているとして、具体的にどのような流れによって自身にとって不利な嘘である虚偽自白に転落してしまうのでしょうか。

無実の人は、自身が罪を犯した認識がないため、本当のこと（自身の記憶）を話せば捜査機関も自身が無実であることを分かってくれるはずだと考えてしまう傾向にあります。

しかし、その人が無実であることを知っているのはその人自身しかいないのです。

そして、自分自身が罪を犯していないと証明することは「悪魔の証明」であるため、ひじょうに困難です。

もしその人が真犯人であれば、「自分が真犯人です」と証明することは簡単です。真犯人は自身の体験した犯罪事実を話したり、証拠のありかを伝えることによって、真相解明に協力することができます。しかし無実の人はそもそも事件の詳細さえ知らないわけですから、どうすれば自分が無実であることを示せるのか、その糸口さえも持っていません。
その一方で真犯人は嘘をつき、「身に覚えはない」と処罰を免れようとすることも少なくありません。そのため、かりに無実の人が同様に「身に覚えがない」と供述したとしても、捜査機関は真犯人が自身の身を守るために嘘をついていると考えてしまいます。真犯人を自白させて反省させようとする捜査機関にとって、容疑を否認する無実の人は、むしろ追及しなければならない相手になってしまい、かえってその人に対する猜疑心が膨らんでいきます。そして、強い嫌疑を抱いている取調官は、なんとかして無実の人から自白を引き出そうとします。

このとき、罪の深刻さや証拠の強さを誇張する「最大化」という戦略（「否認していても起訴されてしまうし、より重い罪になる」）と、反対に情状酌量《じょうじょうしゃくりょう》や責任転嫁《せきにんてんか》によって罪の深刻さを過小評価し、罪の意識を軽減する「最小化」という戦略（「自白すれば罪が軽くなる」）といった、2つの方向の取調べは特に冤罪を生むリスクのある手法として危険視されています。

さらに、このような取調官には強い態度で取調べをする動機・機会・正当化の「不正のトライアングル」（115ページ）がすでに完成しているので、暴行（拷問）や、威迫、利益誘導といった違法な自白強要が行なわれてしまうこともあります。

なぜ虚偽自白をしてしまうのか

このようにして、いわれのない罪で取調べを受け、一種の非現実感を覚えていた無実の人は絶望し、孤立を感じていくことになります。いかに誠実に「自分はやっていない」という真実を語っても、目の前にいる取調官はそれを少しも信じてくれません。それどころか、人質司法による長期勾留や、自白を強要する高圧的な取調べによって肉体的、精神的な疲労が蓄積されていきます。そして、取調べで屈服させられていく結果、正常な判断ができなくなっていってしまいます。

こうした状況にある人は、「取調べの苦痛からいかに逃れるか」といった当面の問題を解決することだけを考えてしまい、裁判がどうなるかということをよく考えず、あるいは嘘に基づく自白調書を作られたとしても、自分の口で無実であることを訴えれば裁判所が無罪判決を宣告してくれるものと楽観視してしまう結果、虚偽自白に陥ってしまうおそれがあります。

このようなプロセスを経て、「虚偽自白」が生まれます。人間は正常な判断ができない状況では、客観的に見たら自身にとって不利な行動もとってしまう生き物なのです。

虚偽自白をしても、それで取調べが終わるわけではありません。取調官に「私がやりました」と言えば、取調官はその自白の内容をより具体的に聞き出そうとします、もちろん、無実の人は事件の詳細など知るわけもありませんから何も語りようがありません。それでも、取調官は会話の中で無意識的に「正解」に関する情報を提供したり、自身の見立てに沿ってその人の供述を都合よく解釈したりします。

こうしたプロセスの中で取調官がどのような自白調書を求めているかを察知して、詳細な虚偽自白が出来上がっていくのです。そうすると、そこに真犯人しか知りえないような具体的かつ迫真的な情報が生まれることになり、それを読んだ裁判官も自白の内容は間違いなく真実であると誤信し、誤判冤罪が生まれることになるというわけです。

虚偽自白の実例——氷見事件

虚偽自白の実例として、住居侵入、強姦・強姦未遂という二つの事件についての自白に基づいて有罪判決が宣告されたものの、後にDNA型鑑定によって真犯人が発覚した氷見《ひみ》事件が挙げられます。

2002年、富山県氷見市で起きた2件の事件（強姦と強姦未遂）を同一犯人による犯行とみた警察は、被害者の証言をもとに作成した似顔絵を使って市内で聞き込みを行ない、似ている人物としてAさんを犯人と見立てました。実際に被害者の一人が「Aさんが犯人に似ている」と述べたので、警察はAさんを任意同行して取調べる方針を固めました。

Aさんは事情聴取に対し当初から明確に犯行を否認していたのですが、取調官は「やったんだろう、被害者がいることだから分かる」「被害者がかわいそうだとは思わないのか」「ちゃんとしたことを話せ」などと追及しつづけました。

その次の取調べ中には、Aさんが腹痛を訴えることもあったのですが、診察した医師が「ストレスが原因であり、特に病的な所見は認められない」と判断したことから、1時間ほど休憩した後に再度取調べが続行されてしまいました。

体調不良を訴えるAさんに対し、取調官は「女の子があんたの顔を見たところ、『犯人に間違いない、お前みたいなやつは死ねばいいのに』と言っている」「否認を続けても意味はない」「やっていないのならちゃんと説明しろ」などと、強い口調で自白を求めつづけました。

Aさんは強い口調の質問を受けつづけた結果、椅子から床に転げ落ちるように倒れこんだと言います。それでも休憩後に取調べが再開され、取調官は机を叩き、「今のあんたの姿を見てお母さんも悲しんでいるのではないか」「お母さんの前で本当のことを言えよ」などと言って追及を続けました。

この日、Aさんにまだ逮捕状は出ていなかったのですが、自宅に戻って一人になると、「何度『やってない』と言っても聞いてくれない取調べはもう嫌だ」と思い、牛乳に除草剤を入れて飲んで自殺を図り、嘔吐してしまいました。

その翌日のことでした。Aさんはふたたび警察に呼び出され、取調官から強い口調で、「おまえ、やっとるなら、ちゃんと女の子に謝らなくていいのか」「お前がやったんだな」などと繰り返し供述を求められます。そして、取調べ開始から約1時間が経過したころ、とうとう「女の子に謝りたい」と虚偽自白をしてしまいました。

虚偽自白を得た警察は、Aさんに犯行現場である被害者の家に案内するように求めました。Aさんは被害者の家がどこにあるのかまったく見当がつきませんでしたが、現場に行けば分かると思うと答えたため、捜査用車両に乗せられました。そして、取調官の反応を見ながら道を指示したり、取調官の誘導に乗ったりすることによって、Aさんは最終的に犯行現場に到達しました。

このように、犯人に現場などを案内させる捜査を「引きあたり捜査」と言うのですが、取調官からの報告を聞いた刑事部長らは「犯人しか知らないはずの情報」を知っていたAさんが犯人で間違いないと確信してしまいました。

Aさんはその後逮捕されますが、逮捕されたときの言い分を聞く手続や、弁護士と接見した後の取調べなど、複数回にわたって再び犯行を否認する供述をします。しかし、そのたびに取調官が「前に被害者に謝りたいと言っていたのは嘘なのか」などと厳しく責め立てたり、逆に慰めたりした結果、Aさんは最終的に自白に転じてしまいました。

無罪判決後、Aさんは精神科医に対して、「取調べについて、何を言っても聞いてくれない状況で誘導尋問が続いた。二畳半の取調室。白い部屋。頭がおかしくなる感じ、壁が迫る感じがした。口での暴力的内容や態度で、こぶしを握られて突き上げられた。怒鳴ったりされたことはよくあった。机を叩いたりもされた。このままいくと何をどうされるかという不安感があった」などと語り、医師から心的外傷後ストレス障害（PTSD）と診断されました。

氷見事件は無罪判決宣告後に警察による逮捕・起訴が違法だと国家賠償請求訴訟において認められました。その判決文では上記の経緯が認定されたうえ、警察がAさんの「心理的圧迫に乗じて、（中略）何もないところから虚偽の自白を作出《さくしゅつ》し」たものと判断されています。

人を陥れる嘘——共犯者の虚偽供述

虚偽自白と同様に冤罪を生む危険性が高いと言われている証拠として、「共犯者」による虚偽供述が挙げられます。

無実の人にとって「共犯者」など実際には存在しないわけなので、ここでいう共犯者供述は「共犯者の疑いのある者」の供述を指しています。

共犯者には「引っ張り込み」と言って、他人に責任転嫁《せきにんてんか》などをすることによって自身の罪を軽くする利益がつねに存在します。引っ張り込みの利益は責任転嫁だけでなく、真の共犯者を庇ってその責任を違う人に押し付けるといった利益や、嫌いな人を陥れるという利益などがあります。

また、当初は誰かを引っ張り込もうとしていなかった者に対しても、特定の人物が共犯であるという供述を取調官の側から押し付けようとする場合があります。

すでに紹介したプレサンス元社長冤罪事件のように、社長を摘発したいと考えている捜査機関が社長の部下を取調べ、社長の関与を認めさせようとするパターンが典型です。

この場合、社長の部下は「社長は関与していない」と本当のことを供述していても、それが捜査機関にとっては嘘に見えてしまうため、部下が社長の関与を認めるまで厳しい追及を受けることになってしまうのです。

無関係の人を共犯者に仕立て上げることは、実際に罪を犯している人間にとって、けっしてむずかしいことではありません。

実際に事件の詳細を知っているのですから、その記憶にしたがって嘘を一部交《まじ》えれば、真実味を帯びた精巧な嘘の供述ができてしまうのです。

一方で、取調官や裁判官は共犯者が引っ張り込みによってどのような利益を得ようとしているのかは知りえませんから、共犯者の話を嘘だと見抜くことはむずかしいのです。

(6)もし犯人と見間違えられたら

誤った目撃証言

人間は誰でも見間違い、記憶違いをしてしまいます。それらが人違いを引き起こす結果、冤罪が生まれてしまうことがあります。

そもそも、人間の記憶はビデオのように一連の出来事をそのまま脳内に写し取っているわけではなく、自分が知覚した情報を覚えやすい形にして脳に貯蔵しているものと言われています。

記憶の段階を分けると次のようになります。

記銘《きめい》：知覚と記憶の段階
保持：記憶を貯蓄する段階
想起：記憶の再生段階

目撃証言の誤りは各段階のいずれにおいても生じる可能性があります。①記銘段階で情報を正確に獲得できていなかったり、②保持段階で忘却や記憶の変容が生じていたり、③

想起において正確に記憶を思い出せなかったりすることで目撃証言の誤りが生じてしまうのです。

しかも、恐ろしいことに人間は自身の記憶に誤りがあることに気付かず、それどころか自信を持ってしまうこともあります。「正確度・確信度パラドックス」と言って、人間の記憶に対する自信はその記憶の正確性を保障しないのです。

ところが、自信を持って語られる目撃証言は他人からの信頼を得やすいので、捜査官や裁判官もそれを聞いて事実だと信じてしまったり、別の目撃者がその証言に沿うように自身の記憶を変えてしまったりすることがあるのです。

記憶違いはつねに起こりうる

たとえば、アメリカではジェニファー・トンプソン事件という有名な冤罪事件がありました。1984年、性被害を受けたトンプソンさんは、薄暗い照明、性被害を受けたことによるストレス、加害者が異人種であったことなどにより、目撃状況が悪く、脆弱な記憶しか有していない中で犯人をアフリカ系アメリカ人のコットンさんだと特定しました（他の人種の顔を記憶する力は自分と同じ人種の顔を記憶するよりも劣ると言われます）。

しかも捜査に当たっていた警察官たちもトンプソンさんに対して「我々もあの男かもし

れないと思っていました」などと発言したので、トンプソンさんはますますコットンさんが犯人だと確信するようになりました。

こうした記憶違いはトンプソンさんだけの問題では終わりませんでした。トンプソンさんの証言を聞いて、2人目の被害者もそれまでの供述を翻《ひるがえ》してコットンさんが犯人だと供述するようになり、「コットンさんを犯行現場の近くで見た」という目撃者すら現れました。

こうした証言はすべてトンプソンさんの目撃証言に端を発したものだったのですが、それらの証言を聞いたトンプソンさんは自身の記憶にますます確信を抱くようになり、当初の供述よりもさらに説得力のある目撃証言をするに至りました。

その結果、コットンさんに対しては終身刑の有罪判決が宣告されてしまいます。

幸いなことに、DNA型鑑定によって真犯人が判明し、1995年にコットンさんは釈放されるのですが、DNA型鑑定がなければコットンさんは死ぬまで刑務所に入れられてしまったかもしれません。

冤罪が判明した後、トンプソンさんはコットンさんに謝罪し、現在では共同して人の記憶の脆弱性や冤罪の危険性について講演活動をされています。

記憶違いは日常的に起きることですから、冤罪の危険はつねに存在すると言っても過言ではありません。

また、記憶違いをしている人は悪意をもって嘘の証言をしているわけではなく、「自分は正しいことを述べている」と心の底から信じているのですから、みずから誤りを認めることも困難になってしまいます。

嘘をつく動機がなく、人違いの原因も分かりにくいため、裁判でその間違いを証明するのはむずかしく、裁判官も証言を排斥することができずに誤判に至ってしまうおそれがあります。

痴漢冤罪のメカニズム

混んだ電車内での痴漢冤罪事件も、誤った目撃証言によって起こる冤罪事件の典型と言えるでしょう。そこで痴漢冤罪が生じるメカニズムについて考えてみましょう。

まず、痴漢をされている被害者にとって、目撃状況は良好ではありません。通勤時の満員電車では人違いの危険が多分にあります。また性犯罪の被害を受けている被害者が犯人の顔を直接見ることは心理的にむずかしいことだと思います。そのため、自分の身体を触っていると思った人の手などを後ろ手で摑《つか》んだ場合、真犯人ではない人物を犯人として特定してしまうリスクが高くなります。

さらに人違い事例のほかに、被害申告者が実は第三者と共謀し、示談目的で痴漢被害をでっち上げたという虚偽告訴事件も実際に発生しています。

犯人として特定された男性にとって、「触っていない」という消極的事実の証明はまさに「悪魔の証明」（57ページ）であり、その場で無実を晴らすことは容易ではありません。洋服の繊維片や指紋、ＤＮＡといった痕跡も必ず残るとは限りませんので、無実の証拠を提示することは困難です。

痴漢冤罪の場合、犯人と目された人が「電車内やホームで言い争うのはみっともないし、第三者を交えて冷静に話をすれば分かってもらえる」などと考えるために、そのまま駅事務室に連れていかれる場合が多々あります。

しかし鉄道会社では、痴漢は警察にそのまま引き渡すようにマニュアル化されていると言われていますから、駅事務室に行くと事情を話すどころか、駆け付けた警察に問答無用で逮捕されて留置場に連行されてしまうのが実情です。

残る機会は裁判ですが、法廷で容疑を争う場合、何度も仕事を休んで出廷しなければなりませんし、刑事裁判に巻き込まれていることが周囲に判明してしまった場合には信用失墜などのおそれもあります。日本の刑事裁判の有罪率は99・８％であり、すでに述べたように痴漢冤罪では無実を示す証拠が乏しいことから、無罪判決を勝ち取ることができる確率は低く見積もらざるをえません。

このようなリスクを踏まえて、「いっそのこと自分がやったことにして示談で解決したほうがいい」という判断に至ってしまうおそれもあります。示談ならば不起訴や罰金で手続が終結するため、経済的・社会的な損失を回避することもできるからです。

このようにして、本当は痴漢をしていないのに痴漢をしたと認めるような虚偽自白が生まれる危険があります。

混雑した電車内の痴漢の場合、被害者は同じような姿勢を保ったまま推移するケースが多く、その供述調書はきわめて単純なストーリーになることがほとんどです。結局は触れたことさえ証言できれば足り、通常の言語能力を有する人がその気になれば、心情を交えた具体的で詳細な証言をすることはさほど困難ではありません（人違いの場合であっても実際に被害を受けているため被害感情を創作する必要がありません）。その反面、警察官、検察官、弁護人、裁判官といった第三者が被害者供述の虚偽や誤解、誇張を見抜くことは困難です。

このように、痴漢はその犯罪類型上、冤罪のリスクが高い類型と言えるでしょう。

もしあなたが痴漢に間違えられたら

前提として、満員電車のような痴漢冤罪のリスクがある状況においては、日常的に痴漢冤罪に注意する必要があります。

そもそも、満員電車では意図せずして他人の身体に当たってしまう可能性もありますから、自分の手などが他人の身体にできるだけ当たらないように注意するのはエチケットでもあります。たとえば、つり革に掴まったり、携帯電話などを持ったりして両手を塞《ふさ》いでおくこと、自身の身体を押し付けたと言われないように姿勢に注意することが必要です。

そして、痴漢冤罪に間違えられてしまったときに重要なことは、

有罪であるかのような振る舞いをしないこと

防御のための行動をとること

のふたつだと思います。

最初の「有罪であるかのような振る舞いをしない」こととは、たとえば面倒を避けて無理やりその場から逃げようとしないということです。

しばしばあることですが、逃げるためにホームから線路に下りたりすれば、鉄道会社の業務を妨げたとして威力業務妨害罪などが成立したりしますし、やましいからこそ逃げたのだと思われてしまうリスクがあります。

また、痴漢をしていないのに諍《いさか》いを恐れて「痴漢した」と認めて交渉しようとしたり、

そのような記憶がないにもかかわらず「当たったかもしれない」などと発言したりすることは、その後の裁判において有罪の証拠になりえます。

「黙秘」は真実を守る

痴漢に間違えられた場合はこのような行動を避けたうえで、「防御のための行動」をとることが必要です。

たとえば、取調べへの対応は弁護士を呼んだうえ、容疑については「黙秘」することが有効です。憲法38条1項は「何人も、自己に不利益な供述を強要されない」と黙秘権を保障しており、憲法上の当然の権利行使であって何らやましいものではありません。駅事務室や留置場に連行された場合も、ずっと黙秘してください。

自身の無実を晴らそうと発言すれば、その発言を弾劾しようとする捜査機関の働きかけによって他人の証言が歪んでしまったり、さらなる嫌疑を生んでしまったりする結果、無罪立証が一層困難になるおそれがあります。そのため、真実を守るという観点から黙秘をすべきだと考えます。

供述をすることのメリット・デメリットは事案に応じて千差万別であり、弁護士による専門的な判断が必要不可欠です。そのため、痴漢冤罪に限らずどのような事案においても、

「弁護士と相談するまで黙秘」という選択肢を推奨しています。

また、それと同時に容疑を晴らすための証拠を確保することも必要です。たとえば、すぐに目撃者を探すことが重要です。周りにいた人に目撃していないか声をかけ、中立的な第三者として証言してくれるよう依頼してください。

また、このような周囲の人物とのやりとりをすべて携帯電話で動画撮影することも有効です。後で逮捕が違法な手続によるものであったと判明した場合や、被害者・目撃者がその後の事情聴取と矛盾する発言をしていた場合、周囲の目撃者が自分に有利な発言をしていた場合、その動画が有利な証拠になります。

他にも、必ず残っているものではないとしても、自身の手に被害者の衣服の繊維片がついていないことや、被害者の衣服に自身のDNA型が付着していないことを捜査機関に証拠化してもらう必要があります。

痴漢被害者はどうすればいいのか

冤罪は防ぐべきものですが、関係ない第三者を冤罪に陥れるのではないかと恐れ、痴漢の被害者が泣き寝入りすることもあってはなりません。

私は、痴漢冤罪と痴漢被害は両方防ぐべきものだと思っています。被害者ができるかぎり人違いをしないようにして犯人を特定する方法を考えることは、痴漢冤罪を減らすことにも、痴漢の真犯人の処罰にもつながると思います。

まず考えられるのは、犯人の手や顔を写真や動画で撮影することです。実際に、このような手段を使って被害者が犯人を特定した事件も多数存在します。これは証拠確保の意味もありますが、犯人が逃走した場合には犯人確保の手段にもなります。また、犯人に対する威嚇に加えて、周囲にＳＯＳを求める効果もあります。

次に考えられるのは、周囲の人に協力を求めることです。たとえば、携帯電話に「痴漢です。助けてください」などと文字を入力して、近くにいる人に見せるということが推奨されており、そのような防犯アプリも警視庁からリリースされています。

一人で犯人を逮捕しようとすると逃走や負傷の危険がありますから、周囲の人に助けを求めたほうが安全かつ確実に犯人を取り押さえることが可能です。また、目撃者を確保することによって真犯人を処罰するとともに、冤罪を防ぐことができます。

もっとも、痴漢の被害者にとってはいずれも勇気が必要な方法であるのも事実です。

そのため、周囲の人のほうから協力を申し出ることが重要になってきます。電車に乗っている際、痴漢被害を受けているかもしれない人がいたら、犯人を視認したうえ、被害者に「大丈夫ですか」と携帯電話に文字を表示して声をかけることなどが推奨されています。

鉄道会社としても、列車内防犯カメラを設置することによって痴漢の抑止を図るとともに、痴漢冤罪を防止することが期待できます。

スナック喧嘩犯人誤認事件

次に、私が実際に弁護を担当した誤った目撃証言による冤罪事件を紹介します。

私はこの事件を担当して、私だって犯人を見間違えてしまうかもしれないし、犯人と見間違えられてしまうかもしれないと実感しました（以下、登場人物はすべて仮名です）。

２０２０年2月、私の依頼者の小林さんは、仕事で付き合いのある吉川さんと軽く飲んだ後、二次会として何度か行ったことのあるスナックに入りました。

お店の前や店内のカウンター席では若い男女の客が泥酔していちゃいちゃしており、小林さんは「スナックでの飲み方を知らないな」と思ったそうです。

店内はほぼ満席で、小林さんたちは店の奥のボックス席を空けてもらって座りました。若い男女が騒いでいる様子に空気の悪さを感じつつも、小林さんたちは気を取り直して飲むことにしました。

吉川さんはカラオケが好きで、その日も一人で歌い、小林さんは飲みながら手拍子したりしていました。

吉川さんが1曲目を歌い終わり、他のお客さんが何曲か歌ってから、2曲目に入りました。吉川さんはボックス席で歌うと歌詞が見えにくかったことから、小林さんの背中側に少し動いてカウンター席の横に立って歌いました。

小林さんは前を向きながらお酒を飲んでいると、2曲目が終わろうとしているときに、後ろから吉川さんの「おい」という大きな声が聞こえました。振り返ると吉川さんがカウンター席に座っていた宮本さんという男性と口論になっていました。

後から分かったことなのですが、カウンター席に座っていた宮本さんは吉川さんの歌を真横で聞くことになり、「うるせえなあ」と小声で毒づいたところ、それが吉川さんに聞こえてしまったため喧嘩になってしまったのです。

しかし、当時、前を向いてお酒を飲んでいた小林さんは後ろで起きていたことをまったく知りません。小林さんとしては、理由は分からないものの、吉川さんが誰かと口論になっていることに驚くとともに、二人が物々《ものもの》しい雰囲気であることに気が付きました。

小林さんは、二人の横の壁に並んでいたお酒のボトルを落としてしまうと危ないと感じ、喧嘩はお店の迷惑になると考えたそうです。そこで、小林さんは立ち上がり、吉川さんの背中を後ろから押して、二人を店の外に出そうとしました。周りからも続々と二人を止めようと人が集まってきます。

「助けてあげたはずなのに」

結局、飲食客総出で吉川さんと宮本さんを店の外に出すことができたのですが、小林さんが店内に再び戻ってきたとき、宮本さんと一緒に飲んでいた佐々木さんという男性が床に倒れていました。佐々木さんは全治2か月を要する左眼底の骨折という大怪我をしていたのですが、何も知らない小林さんは倒れている佐々木さんを見て急性アルコール中毒だと勘違いし、救急車を呼ぶように店の人に声をかけたそうです。

お店には救急車と警察が駆けつけます。その場で宮本さんと一緒に飲んでいた人たちが「佐々木さんは吉川さんに殴られた」と警察に言いました。そのため、吉川さんは警察に現行犯逮捕されました。

小林さんは逮捕されてしまった吉川さんが心配になり、タクシーで警察署までついていきました。朝まで吉川さんを待っていたのですが、その日は釈放されなかったことから家に帰ることにしました。

ところが、その約9か月後、警察が小林さんのもとを訪ねてきました。

小林さんはその時点では自分が犯人として疑われているなんて夢にも思わず、自分の記憶のとおり警察の事情聴取に対応しました。

その6日後、再び警察署に呼ばれます。

このとき、小林さんは供述調書のある記載に気が付きました。

「上記の者に対する暴行、傷害被疑事件につき、令和2年11月25日、本職は、あらかじめ被疑者に対し、自己の意思に反して供述をする必要がない旨《むね》告げて取調べたところ、任意次のとおり供述した」

「被疑者」、つまり小林さんは佐々木さんを殴った犯人だと警察から疑われていたのです。小林さんは検察官の取調べも受けることになりました。小林さんは、自分は何もしていないと懸命に検察官に説明します。しかし、いくら説明しても聞き入れられない雰囲気でした。小林さんとしてはなぜこのようなことになってしまっているのかまるで分かりません。

そして事件から1年半が経過したとき、小林さんのもとに起訴状が届きます。小林さんは、傷害罪の被告人として刑事裁判を受けることになりました。驚いた小林さんは、私たちの法律事務所を訪れることになったのです。

ここで念のために、登場人物を整理しておきましょう。

小林さん：依頼者。吉川さんの喧嘩を止めようとしたら起訴された。
吉川さん：小林さんと一緒に飲んでいて宮本さんと口論になった。
宮本さん：カラオケをしていた吉川さんに悪態をついて口論になった。
佐々木さん：被害者。吉川さんらの喧嘩が終わった後、床に倒れていた。

マニュアル化されていなかった現場見取り図作成

小林さんの事件について、私と秋田真志《まさし》弁護士の2名で刑事弁護を担当することになりました。

裁判の中で証拠を開示してもらったところ、なぜ小林さんが起訴されてしまったのかが分かりました。被害者である佐々木さんが、自分は小林さんに殴られたと供述していたのです。

すなわち、周りの客が吉川さんと宮本さんを止めようと集まり、小林さんが吉川さんを背中から押していた際、佐々木さんも同じく止めようと駆け付けたとのことでした。佐々木さんとしては、吉川さんの仲間である小林さんが立ち上がったところで危ないと思って加勢しようとしたそうです。佐々木さんは小林さんめがけて止めに向かったところ、小林さんに殴られたのだと供述していました。

そして、その佐々木さんの供述に合わせて、それまで吉川さんが佐々木さんを殴ったと供述していた他の目撃者も「憶えていない」「小林さんが殴った」と供述を変えていたのです。

しかし、私と秋田弁護士は根本的な疑問を抱いていました。それは、佐々木さんは小林さんのところまでたどり着くことができないのではないかということです。

警察の現場検証で作成された現場見取り図は通路の幅が広く描かれていた一方、実際の通路の幅は狭く、人も密集する状況では佐々木さんが小林さんのもとにまでたどり着けないため、物理的に殴ることができないのではないかと考えたのです。

我々は、現場のスナックを見に行き、吉川さんにも現場に来てもらうことにしました。吉川さんにカウンター席の後ろの通路に立ってもらったところ、大柄な吉川さんが一人で通路に立っただけで、通路がほぼ塞がれてしまうことが分かりました。

事件当時、小林さんと佐々木さんの間には、吉川さんら少なくとも5人が立っていたのですから、どれだけ人の動きが流動的であったとしても小林さんが佐々木さんを殴るのは困難です。

大原則が無視されていた「写真面割」

また、話を聞いていくと、小林さんはなぜ吉川さんと宮本さんが口論になったのかも知りませんでしたし、佐々木さんが宮本さんと同じグループであったことも知らなかったことが分かりました。小林さんからすると、佐々木さんは味方なのか、敵なのか、店員なのかすら分からない人物であって、そのような人を殴ろうとするはずがありません。

私たちは以上の現場検証を報告書にまとめて裁判所に証拠調べ請求をしたほか、佐々木

スナック喧嘩犯人誤認事件

スナック通路では吉川さんの横をすり抜けられない

佐々木さん事情聴取後における供述状況

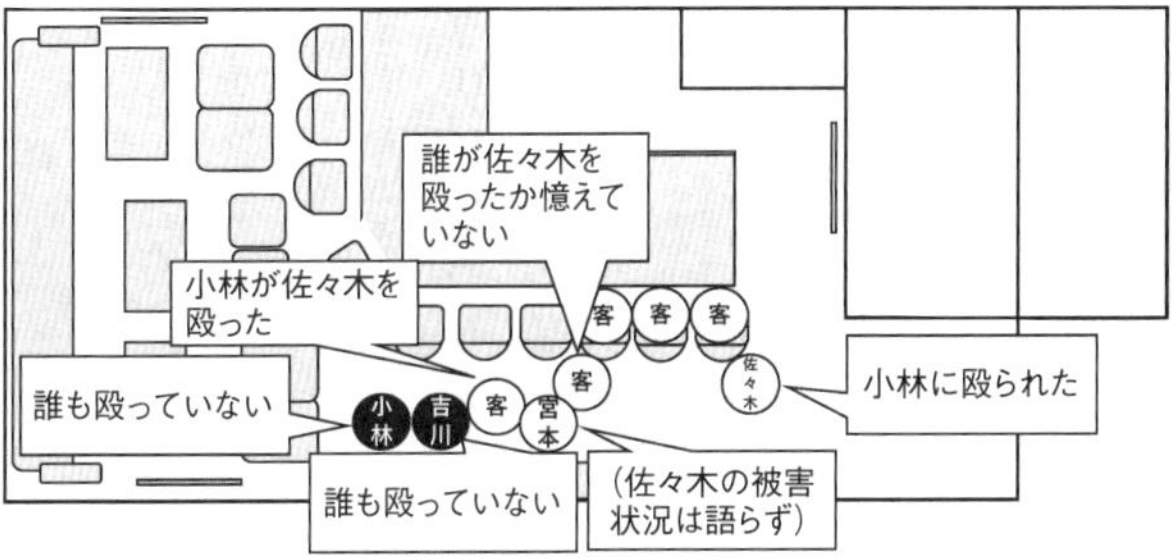

さんたちの証人尋問をしました。

するど、佐々木さんは証人尋問において、どのように通路を通り抜けたのかということや、通路を通り抜けたときの周囲の人の体勢などはまったく覚えていない旨を証言しました。それどころか、佐々木さんは「小林さんに殴られたはずだから通路を通り抜けたはずだ」と、結論先にありきの証言をしはじめました。

それだけではありません。警察の不適切な捜査も明らかになりました。

佐々木さんのような目撃者に対しては、被疑者と似た写真を10枚程度示して、その中から自身の見た犯人の顔はどれかということを選ぶ「写真面割《めんわり》」という犯人識別手続が行なわれます。ところが、佐々木さんに見せられた写真は小林さんと吉川さんのたった2枚でした。

また、通常の犯人識別手続では、「この中に犯人がいるかもしれないし、いないかもしれない」と事前に教示をすることによって、写真を選ぶときの先入観をなくさなければなりません。しかし、佐々木さんは警察から「どっち?」と聞かれたそうです。これではどちらかの写真の人物が犯人だということが前提になってしまっています。

このような犯人識別手続では、佐々木さんからすると、警察がすでに犯人を小林さんと吉川さんの2人まで絞っているという暗示・誘導を受けてしまいます。2人以外の誰かの体が当たったという別の可能性がこの時点で完全に看過されてしまったのです。

「被告人は無罪」

以上の立証を踏まえ、私たちは弁論で次のように訴えました。

「佐々木さんは事件当時酔っており、暗い店内で、一瞬の出来事だったため、目撃の環境が良くなかった。見間違えの可能性がある」

「事件当時、佐々木さんが向かった先には人がもみ合いになっており、別の誰かの体が佐々木さんの体に当たった可能性がある」

「佐々木さんは小林さんのもとにたどり着くことはできないのであるから、小林さんによる犯行は物理的に不可能である」

「不適切な写真面割が行なわれており、暗示・誘導によって佐々木さんが記憶違いをした可能性がある」

これに対し、大阪地方裁判所は次のような判決を下しました。2023年1月のことです。

「(佐々木さんの証言は) 反対尋問において、被告人 (小林さん) に殴られたはずだから、被告人の元にたどり着いたと述べているとおり、結論先行の証言となっている点も指摘せざるを得ない」

「佐々木さんが吉川さん・宮本さんの脇を通って被告人の元にたどり着くことは、かなり困難というべきである」

「喧噪《けんそう》状態の中、故意か過失かはさておき、被告人以外の者の手や頭などが佐々木さんの顔面に当たってしまい、佐々木さんが傷害を負った可能性は否定できない」

「佐々木さんには、殴った犯人を被告人と見間違えたり、勘違いしたりした可能性が否定できない」

「不適切な識別手続によって、佐々木さんの記憶が変容した可能性も否定できない」

この無罪判決によって、私たちは小林さんの冤罪を晴らすことができました。また、小林さんが佐々木さんに傷害を負わせることは物理的に「かなり困難」であり、別の人の体が佐々木さんに当たってしまった可能性が判示されることによって、単なる無罪というよりも無実であり、冤罪事件であったことが示唆されました。

冤罪問題の実態

さて、実は、私が読者のみなさんに特に知っていただきたいのはここからです。

まず、小林さんは無罪判決が確定したものの、十分な補償を受けることができませんでした。

小林さんは在宅起訴されたため逮捕・勾留されずに済んだのですが、日本では身体拘束されていない被告人に無罪判決が下された場合、刑事補償がなされないのです。弁護士費用などの一部についてのみ補償がありましたが（費用補償）、何度も仕事を休んだことに対する経済的補償はなく、1年間ずっと犯人と疑われて罰されるかもしれないというストレスを抱えていたことに対する慰謝料もありませんでした。

日本では冤罪が他人事だとか、珍しい出来事だと思われてきたことによって、冤罪事件の補償が十分に法制化されていないという問題があるのです。

また、一方の佐々木さんも誰かに殴られたものの、誰にもその損害賠償を請求することができません。診察料や診断書作成にかかった費用を公費負担とする制度はありますが、それ以外にもおそらく多くの負担が佐々木さんにのしかかったはずです。

お酒を飲んでいるときに目の前で喧嘩が起きて、止めに入ったら自分が犯人と間違えられてしまうことや、傷害の被害者になって犯人を間違えてしまうことは、今回の事件だけでなく日本全国で起こりえるのではないでしょうか。私だって犯人と間違えられてしまったり、犯人を間違えたりしてしまうかもしれません。

そうであるにもかかわらず、このような間違いを防ぐような手段はありません。しかも本件で「不適切」と判示された犯人識別手続（写真面割）や、縮尺が不正確だった現場見取り図の作成作業については、捜査実務では日常的に行なわれるものの、日本の警察にはそのマニュアルやガイドラインが何もありません。

きっと警察官は小林さん・吉川さんのグループvs宮本さん・佐々木さんのグループの喧嘩だと思い、悪気なく小林さんと吉川さん2人だけの写真を見せてしまったのではないでしょうか。しかし、これはその場に密集していた小林さん以外の誰かの体が当たったという、小林さんが犯人ではない可能性（アナザーストーリー）を見落としてしまっているのです。

また、現場見取り図を作成した警察官も、その後、現場の通路の狭さが問題になると分かっていなかったので、悪気なく適当な現場見取り図を描いてしまったのでしょう。

見間違えた佐々木さん、捜査に当たった警察官、起訴した検察官、かりに誰も悪意を有していなかったとしても、このようにして冤罪というものは生じてしまうものなのです。

この無罪判決後、私自身はレポートを公表しましたが（「季刊刑事弁護」117・118号、2024年）、警察や検察において冤罪の原因について検証をしたり、再発防止策を講じたりしたという動きは何もありません。つまり、また同じような冤罪事件が起きてしまうかもしれないということです。

（7）科学捜査が産む冤罪

最新技術はつねに正しいか？

ＤＮＡ型鑑定や指紋鑑定、死因究明に関する法医学といった科学的証拠は、客観的・中立的な科学技術が用いられているとして特に信頼されやすい証拠です。

しかし、そもそも科学とは反証可能性がなければならないとされています。どんなに正しい結論だと思われていても、つねに新しい実験や観察によって覆されるかもしれないことを科学は前提にしているのです。

つまり、現在、捜査に使われている科学技術も将来の技術革新などによって実は不正確なものであったと判明するかもしれないということです。

特に、捜査は研究室のような理想的な環境で行なわれるものではありません。また、鑑定に使われる資料にしても、現場で汚染されていることも多く、不安定なものです。加えて、捜査に使われる科学は「応用分野」に属しますから、複雑な要素を内包しています。さらに、理論的には正しそうに見えても、実は科学的には未確立、不正確であることもありえるのです。

そうであるにもかかわらず、法律家にとってこうした科学的証拠は専門外であることがほとんどです。その結果、科学的証拠を過大評価してしまったり、誤った科学的証拠を無批判に信じてしまったりして、冤罪が生じるおそれがあります。

鑑定人のヒューマンエラー

さらに法律家だけでなく、科学的証拠を生み出す専門家も人間である以上、間違えてしまうことがあります。

そもそも、鑑定作業のすべてが機械的、自動的に行なわれるわけではありません。鑑定資料を採取し、運搬し、保管し、選別し、最終的な分析・評価を行なうのは人間であるうえ、中には感覚的・技量的知見が必要とされるものもあります。つまり、科学的証拠にも人間の経験的・主観的判断によって誤りが生じる可能性があります。人間が携《たずさ》わる以上はけっしてヒューマンエラーから逃れられないということです。

どんなに科学技術の精度が高かったとしても、それに関わる人間の能力にはつねに限界があります。たとえば、昨今、ＤＮＡ型鑑定は精度が向上し、地球上の人口をはるかに上回る５６５京《けい》人に１人という識別率を誇るそうです。

しかし、このようなDNA型鑑定の過程では人間が手作業で行なわなければならないさまざまな工程があります。かりにヒューマンエラーが1000件に1件の確率で起きるとしましょう。この場合、DNA型鑑定自体の識別率が565京人に1人だったとしても、結局は1000回に1回の割合で誤鑑定が起きてしまう可能性があるのです。

また、このような鑑定の過程において、鑑定人にもバイアスが生じる可能性があります。たとえば、警察が「この被疑者が怪しい」という情報をあらかじめ鑑定人に教えた場合、鑑定人は被疑者に関する予断を抱き、被疑者が犯人であると示す特徴を証拠から探そうとしてしまいます。その結果、誤った血液型鑑定や指紋鑑定などを行なってしまう危険性があります。

このように、本来は知るべきではない情報が別の段階に伝わってしまってさらにバイアスが生じることは、「バイアスのカスケード効果」(145ページ)と言われています。

海外の例ですが2004年、スペインのマドリードで発生した列車爆破テロ事件では、一人目の人が間違った指紋鑑定を行ない、二人目の人がその誤った鑑定結果を聞いて鑑定をしたため、結局二人とも間違ってしまったということがありました。

なお、アメリカなどの法科学センターでは抜き打ち検査によってエラー率を測定しています。たとえば、薬毒鑑定で毒物ではないのに毒物と判定されてしまう偽陽性《ぎようせい》率は約9%

などと言われています。日本の科捜研ではこのエラー率の測定自体が行なわれておらず、その真の信頼性はブラックボックスになってしまっているという状況があります。

揺さぶられっ子症候群

このような誤った科学的証拠を盲信した結果、冤罪が生まれてしまった典型例が「揺さぶられっ子症候群」にまつわる事件です。

２０１６年、生後約2か月の赤ちゃんが死亡してその祖母が逮捕されたという山内事件があります。

検察官は赤ちゃんの解剖結果から脳の硬膜下血腫《こうまくかけっしゅ》、脳浮腫《のうふしゅ》、網膜《もうまく》出血の三徴候《ちょうこう》が認められるとして、赤ちゃんを暴力的に揺さぶることによって死をもたらす「揺さぶられっ子症候群」(Shaken Baby Syndrome、ＳＢＳ)のケースに当てはまると考えたのです。そして、赤ちゃんを揺さぶることができたのは、赤ちゃんが死亡する直前にそばにいた祖母しかいないと判断し、祖母を傷害致死罪で起訴しました。

身長１４６センチ、体重42キログラムという小柄の、しかも66歳の祖母が赤ちゃんを１秒間に3往復という速さで、少なくとも5センチの振り幅で数秒間、「火事場の馬鹿力」で揺さぶって死亡させたというのが検察官と検察官側医師証人の主張です。

はたして、そのような犯行が物理的に可能でしょうか。これは常識的に考えたら実に不自然な見立てです。

実際、第二審（控訴審）の大阪高等裁判所は、年齢や体格からくる体力、亡くなった赤ちゃんの祖母という立場などに照らして、「このような揺さぶり行為に及ぶと考えるのは、相当不自然である」と無罪判決を言い渡しています。

しかし、それ以前に、第一審である大阪地方裁判所は有罪判決を宣告してしまっていました。

医学仮説が作った冤罪

なぜこのような冤罪事件が生じてしまったのでしょうか。

それは、先ほど述べた揺さぶられっ子症候群に関する仮説（ＳＢＳ仮説）が原因でした。

１９７１年、あるイギリスの医師が、目立った外傷がないにもかかわらず乳幼児の硬膜下血腫が見られる例があることに注目し、「硬膜下血腫があった場合にはその乳児が揺さぶられた可能性がある」というＳＢＳ仮説を発表しました。

このＳＢＳ仮説はアメリカにおける児童虐待防止運動と結び付けられ、揺さぶりによる虐待が問題視されるようになり、医学界でも知れわたるようになりました。現在では、揺さぶり以外による頭部損傷も含めた用語として、虐待による乳幼児頭部外傷（Abusive Head Trauma in infants and children、ＡＨＴ）という用語が用いられています。

このようなＳＢＳ仮説の普及によって、乳幼児に目立った外傷はなくても、その遺体に三徴候（硬膜下血腫、脳浮腫、網膜出血）が揃った場合、頭部に強い外力（揺さぶり）が加えられたことが死の原因になったとして、刑事事件として立件されるようになったのです。

そして、この潮流はイギリスとアメリカだけにとどまらず、世界中に広がりました。それが日本にも伝わり、本件の祖母も赤ちゃんを虐待して、過度に揺さぶった結果、死に至らしめたのだろうと考えられてしまったというわけです。

しかし、ＳＢＳをめぐる仮説は、三徴候は揺さぶりによって生じない、または三徴候が内因性の別原因によって生じることもあるなどとして国内外の議論の対象となっています。たとえば、アメリカ、イギリス、カナダ、スウェーデン、ノルウェー、フランスなど多くの国でＳＢＳ仮説に対する問題提起がなされており、２０２２年にはアメリカのニュージャージー州の上級裁判所において「ジャンク・サイエンスに類似する」と批判されています。

20人以上の医師が見落とした死の真相

本件で祖母が逮捕・起訴されたのもこのSBS仮説に依拠しており、第一審の大阪地方裁判所は祖母に対して有罪判決（懲役5年6月）を宣告しました。

しかし、控訴審で選任された弁護人全員が、実際に祖母に会って「このおばあちゃんが赤ちゃんを暴力的に揺さぶったなんてありえない」と感じました。そこで、弁護人は、イギリスでSBSに関する冤罪問題に取り組んでいたウェイニー・スクワイア医師が来日した際、赤ちゃんのCT画像を見てもらいました。すると、スクワイア医師は「静脈洞血《じょうみゃくどうけつ》栓症《せんしょう》」という病気によって亡くなった可能性を指摘しました。赤ちゃんは揺さぶりといった外力ではなく、病気という内因によって亡くなったかもしれないということです。珍しい症例ということもあり、捜査段階で20人以上の医師がこの静脈洞血栓症を見落としてしまっていました。

大阪高等裁判所も静脈洞血栓症の可能性を認め、無罪判決を宣告しました。そのうえで、

「本件は一面で、SBS理論による事実認定の危うさを示してもおり、SBS理論を単純に適用すると、極めて機械的、画一的な事実認定を招き、結論として、事実を誤認するおそれを生じさせかねない」

と判示しました。

つまり、この事件では確たるエビデンスもなく、国内外においてその正当性が激しい論争の的になっているＳＢＳ仮説に基づいた科学的証拠（法医学鑑定）によって冤罪事件が生まれてしまったということになります。ＳＢＳ仮説を前提とした起訴はその後も続き、２０１８年から２０２３年８月までの間、全国で10件もの無罪判決が宣告されています。

第7章　なぜ冤罪は繰り返されるのか

再生産される冤罪事件

冤罪の原因となる証拠が四大冤罪証拠としてある程度共通しているということは、同じような冤罪事件が繰り返されているということです。

いったいなぜこのような冤罪の再生産が生じてしまうのでしょうか。

犯罪や事故、災害といった危険事象が発生した場合、それらの原因や結果はある程度、目に見えるものであることが多いでしょう。また、経済的損害も大きく、会社などの団体や国家機関にとってその予防や回復が急務になることも多々あります。

これに対して、冤罪という名の危険事象は人間が神の視点に立てない以上、それが発生したことが目に見えず、必ず暗数《あんすう》（認知できないケースのこと）が生じることになります。

無罪判決が宣告された場合も、被告人とは別の真犯人が見つかったりしなければ、たとえば「証拠上、無罪になっただけで、裁判所が真実を見誤ったのだ」などと考え、捜査機関は冤罪事件の発生を認めなかったり、その責任を回避することもできてしまいます。

失敗の当事者は自尊感情から、自らの過ちを認められないことは珍しくありません。特に人間は認知的不協和によって、自身の考えと矛盾する現実の結果を自分にとって都合のいいように捉えてしまいます。

また、冤罪は多くの人の誤りが積み重なって生まれる失敗です。このような失敗では、失敗に関与した人が自身の役割を遂行しただけであるなどと考えてしまったり、「雪崩《なだれ》の中の雪片は責任を感じない No snowflake in an avalanche ever feels responsible.」という言葉に表わされるように、失敗に関与した人たちの責任が分散・転嫁されてしまったりすることがあります。

警察官、検察官、弁護人、裁判官と、刑事司法関係者はそれぞれに役割が分担され、冤罪の原因が複数個所に存在することもありえるため、互いに責任を押しつけあうことが可能かつ容易であるという構造になっており、誰も冤罪の責任を取らないような事態が生まれてしまうのです。

たとえば、結果的に誤認逮捕であったことが判明した場合も、裁判官は「被疑者が罪を犯したことを疑うに足りる相当な理由があるとき」という法律要件自体が逮捕当時に認められた以上、法的に誤った判断はしていないなどと考えるかもしれません。検察官・警察官も、身体拘束を認めたのは裁判所であって自分たちではないと考えてしまうかもしれません。

本来、裁判官、検察官、警察官、さらに弁護人といった各当事者が協働して共通のリスクである冤罪に関して防止の方法を検討すべきだと考えます。しかし、それぞれの基本的な役割がまったく異なるということもあり、実際には冤罪防止のための歩調がなかなか整いません。

加えて、楽観主義バイアス、正常性バイアス、現状維持バイアスなどが作用するために、「司法の大部分は健全に機能しており、冤罪事件が発生したとしてもそれはごく例外的でやむをえないことだ」という認識のもと、冤罪事件を検証したり再発防止策を講じたりする必要性が低く見積もられてしまっているという点も見逃せません。

第三者による原因検証がなぜできないのか

冤罪という事象や人間心理の問題だけでなく、それを扱う司法システムの側にも冤罪防止を阻んでいる要因があります。

まず、いわゆる三権分立の中で、国会議員や内閣はいずれも選挙を通じて直接又は間接の形で国民によるコントロールを受けています。

他方、日本の場合、司法については裁判官や検察官などが選挙で選ばれているわけではなく、民主的なコントロールが立法・行政に比べて希薄です。むしろ、司法はその独立性を保つことで多数派による権力の濫用を牽制し、国民の権利と自由を保障するという役割を果たすものとされています。

司法が選挙という民主主義的なプロセスを経ていないにもかかわらず、その国家権力の行使が正当化される理由については、一般的には「国民が司法の判断を信認しているからだ」と説明されています。つまり、国民の信頼無くして司法は存在しえないのです。

しかし、そうであるがゆえに誤判などのエラーを認めてしまえば、国民の信頼を失うことにつながるので、過ちを認めることがむずかしいという状況になっているとも言えるのです。

また、司法は三権分立の観点から独立性が要請され、行政や立法、具体的に言えば、政治家や政党、時の内閣や国会からの圧力に屈してしまっては司法への信頼も失われてしまいます。

そこで裁判官の独立は憲法76条3項によって保障されており、検察官も独任制《どくにんせい》の官庁（検察官一人一人が独立した官庁）として、個々の検察官は自己の判断で国家権力を行使することが認められています。

しかし、こうした独立性の保障があるゆえに、たとえば、国会が国政調査権を行使して誤判冤罪事件を調査することは独立性への干渉となってしまうおそれがあります。

実際、裁判官や検察官の訴追や判断結果について、その誤りを批判するために立法や行政からの調査が行なわれることになれば、それだけで大きな影響が生まれるでしょう。

調査対象になった人たちだけでなく、今後、同種の訴訟を担当するすべての人の判断が影響を受けることになり、自由な判断ができなくなるかもしれません。また、自身が調査対象になるかもしれないという懸念が裁判官や検察官の判断結果を歪めることにもつながりかねないという問題もあります。

加えて、裁判官や検察官といった公務員には守秘義務があり、刑事事件に関する情報公開は制限されています。また裁判官には「評議の秘密」があるため、誤判に至る過程に関する情報を開示することはできません。

さらに、刑事裁判で開示された証拠については刑事裁判にしか使用できないという目的外使用禁止規定（刑事訴訟法281条の4）があるため、冤罪当事者や弁護士が冤罪事件の原因検証のために裁判資料を公開したり、第三者に譲渡した場合、処罰されてしまうおそれがあります。

これらの制度があるために、これまで最高裁判所が個別の誤判冤罪事件について原因検証を行なったことはなく、検察庁と警察庁も2024年8月時点でそれぞれ5件の冤罪事件しか原因検証を公表しておらず、いずれも内部検証にとどまっています。

このように、冤罪問題への対処が進まない原因が司法システム自体に内在しており、冤罪防止は誰が見ても重要な課題であるにもかかわらず、それが簡単には実現しないという状況があります。

司法におけるフィードバック不足

これまで検察と警察が5件の冤罪事件しか原因検証を公表していないというのは、あまりにも少ないと言わざるをえません。

また、捜査機関による原因検証については、その数が少なすぎることに加えて、内部検証であるために身内びいきとなり、冤罪原因の過小評価や再発防止策の不足が指摘されています。

一方、国の営みとは別に、これまで冤罪当事者が国家賠償請求訴訟を通じて冤罪事件の責任追及を行ない、その中で冤罪原因を究明しようという試みもなされてきました。

しかし、これも冤罪当事者による賠償請求という裁判であるがゆえに、国の過失を判断するために必要な限度でしか事実認定がなされるにすぎませんし、冤罪発生のメカニズムの解明や再発防止策の提言などにまで踏み込んで判断されることは基本的にありません。

裁判が提起されることによって、かえって警察や検察側が責任追及から逃れようと組織防衛に走り、証拠の提出や証言を拒み、冤罪の原因が明らかにならないおそれもあります。

そもそも、裁判という訴訟的真実を前提とした営みは本質的に改善がなされにくいという問題もあります。

というのも、裁判とはすでに述べたように、訴訟的真実を「認定」する場であって、客観的事実をすべて「解明」することはできません（155ページ）。つまり、裁判所の認定した訴訟的真実が客観的事実に合致した正しいものであったか、それとも間違っていたかということを検証すること自体がひじょうに困難なのです。実際には、後に新しい証拠や事実が出てきた場合に初めて「過去の事実認定が間違っていた」ということが判明することになります。

つまり、裁判官は基本的に自身の判決が客観的な真実と合致していたか、事実認定が適切であったかどうか分からないまま、次の事件を処理しなければならないということです。

これは暗闇の中でゴルフの練習をしている状況と同じで、どれだけ裁判の経験を積んだとしても真実を見極める能力は培《つちか》うことに限界があるということになります。

冤罪の構造

ここまでの話の整理として、「冤罪を再生産する社会構造を「冤罪の構造」とすれば、それは次のようなものになるでしょう。

◎冤罪事件が生じた場合にも、冤罪の認識や検証の困難性から原因究明や再発防止のための検証が行なわれず、刑事司法に対するフィードバックにつながらない。

◎失敗や欠陥に関わる情報の大半が放置され、刑事司法全体がフィードバック不足に陥り、機能不全や脆弱性が改善されない。

◎刑事司法制度の機能不全や脆弱性により冤罪が再生産される。

要するに、冤罪という失敗と向き合うことができない結果、その原因が放置され、同じような冤罪が再び生じているのです。

責任追及だけでなく「学ぶ」ことの重要さ

では、いったいこの「冤罪の構造」をどうすれば解消できるでしょうか。

第1に、冤罪を学び、冤罪に学ぶことが必要不可欠です。

冤罪の責任を追及するだけではなく、それぞれの当事者が自分自身の問題として、過去の冤罪事件から教訓を学ばなければ、将来の同様の冤罪を防ぐことはできません。冤罪そのものの原因を学ぶという中立的な取組みであれば、誰もが立場を超えて協力できると信じています。

　第2に、冤罪原因の検証機関が必要です。諸外国のように冤罪原因究明のための第三者機関を法律で設ける必要があります。過去の失敗に対する批判や責任追及を目的として行政機関や立法機関が動くのであれば緊張状態が生じてしまいます。しかし、利害関係のない第三者機関が主体となり、批判ではなく将来の刑事司法の改善を目的とする場合、その冤罪の原因究明は司法権の独立を害するものではありません。

　また、こうした検証機関を作る大前提として、刑事司法の透明化が促進されなければなりません。たとえば、冤罪防止といった公益を追求する冤罪原因の検証においては守秘義務を解除する必要があります。

　さらに刑事裁判における開示証拠の目的外使用禁止規定（前述）について、冤罪に陥れられた者が自身の冤罪事件の証拠を損害賠償請求や冤罪原因検証のために用いた場合に処罰される可能性があるということは、法治国家として不健全だと言わざるをえません。国家賠償請求訴訟や冤罪の原因検証という用途は例外的に刑事裁判の開示証拠の使用が認められるべきであり、そのことを明確化すべく法改正がなされるべきだと思います。

　このように冤罪に関する情報をきちんと呈示したうえで、その防止策について社会全体として取り組んでいく必要があります。

第3に、冤罪原因に基づいて、冤罪の再発防止策を策定することが必要です。たとえば、被疑者や共犯者に対する取調べ、目撃者の事情聴取、科学的証拠の鑑定方法などについて、過去の失敗事例をもとにしたガイドラインを作成したり、全事件の取調べや事情聴取の全過程を録音録画して可視化したりすることが考えられます。

心理学を用いて冤罪原因を分析した場合、バイアスなどの心理的要因については心理学領域でその予防や低減の方法が研究されていますので、心理学に基づいた再発防止策を策定することも可能になります。

失敗しない組織は存在しない

日本では「冤罪はあってはならない」という建前のもと、現実に生じている冤罪事件そのものが否定されたり、過小評価されたりし、それが問題になっても個別の責任追及に終始してしまい、制度的・組織的な改善につながらないという問題があると思います。

しかし、失敗しない組織など幻想であり、それは司法においても同様です。大事なのは失敗を否定することではなく、失敗から学び、同じ失敗を繰り返さないようにすることです。それこそが真に信頼される司法を実現する方法だと思います。

人は誰でも間違えるという現実を出発点にして、過去の冤罪から学ぶことによってこの冤罪という問題と向き合う必要があると思います。

第8章　冤罪学から死刑廃止論を考える

死刑5再審無罪判決

冤罪の問題はしばしば死刑の議論において争点になります。死刑と冤罪との関係について、私たちはどのように考えればよいのでしょうか。

日本では、免田《めんだ》事件、財田川《さいたがわ》事件、松山事件、島田事件、そして最近、無罪が確定した袴田事件といった5つの事件において、死刑の有罪判決がいったん確定した後、再審において無罪判決が宣告されています（個々の事件については257ページコラム参照）。

この5つの事件はいずれも虚偽自白が原因となっており、日本弁護士連合会は捜査機関による自白強要のほか、証拠開示の拒否や証拠の紛失など種々の問題があったと批判しています。

また、下級審で死刑が宣告されたものの、控訴・上告などを経て有罪判決が確定せずに無罪判決が宣告されたケースとして、幸浦《さちうら》事件、三鷹事件、松川事件、二俣事件、八海《やかい》事件、仁保《にほ》事件などが存在します。

海外においても、アメリカでは1973年以降、2021年3月までの間に182人の死刑囚の冤罪が判明したと言われています（うち、ほぼ半数の94人が黒人）。イギリスでも死刑が執行された事件が冤罪だと発覚したことがきっかけになって死刑が廃止されました。

ここで注意していただきたいのが、冤罪は有罪判決時点では外部から冤罪だと認識されず、その後に何らかの事情で冤罪だと発覚した事例であって、いわば氷山の一角だということです。

特に死刑が執行されてしまった場合は、遺族による死後再審といった例外を除いて再審請求が行なわれないのですから、死刑冤罪が発覚せずに見逃されてしまうリスクは小さくありません。

冤罪の性質上、死刑冤罪は暗数が多分に占めることになり、誰も本当の冤罪の数を知ることはできないのです。少なくとも、死刑冤罪事件は現在明らかになっている件数にとどまらないかもしれないということです。

つまり、「死刑判決は裁判所も軽々には出さないので、冤罪は発生しない」とか「冤罪かどうかが怪しい事件について死刑は科されないものだ」などということはなく、「死刑冤罪が存在する」という事実を前提に議論しなければならないということになります。

なお、「現行犯逮捕の場合や防犯カメラの映像といった直接的かつ決定的な証拠がある場合にのみ死刑を認めれば死刑冤罪の危険はなくなるのではないか」という考えもあります。

しかし、この場合にも責任能力の有無や、死刑という量刑そのものが適切なのか否《いな》かといった点において依然として誤判のおそれは否定できないため、やはり誤った死刑判決という問題を回避することはできないことになります。

ある最高裁判事の懸念

裁判官については、憲法76条3項では「すべて裁判官は、その良心に従い独立してその職権を行ない、この憲法及び法律にのみ拘束される」と規定されています。裁判官は憲法および法律に拘束されるため、死刑が憲法違反で無効と解釈しない限り、裁判官が自己の信念によって死刑判決を回避することは許されません。

ここでご紹介したいのが、日本の刑法学、刑事訴訟法学における第一人者であり、最高裁判所裁判官も務めた団藤重光《だんどうしげみつ》教授の体験談です（『死刑廃止論［第六版］』団藤重光、有斐閣、2000年）。

「私は最高裁判所に在職中に、記録をいくら読んでも、合理的な疑いの余地があるまではとうてい言えない。しかし、絶対に間違いがないかと言うと、一抹の不安がどうしても拭いきれない、そういう事件にぶつかりました。

具体的事件ですから、ずっと抽象化してお話しする以外にありませんが、それは、ある田舎町で起こった毒殺事件でした。状況証拠はかなり揃っていて、少なくとも合理的な疑いを超える程度の心証は十分に取れるのです。ところが、被告人、弁護人の主張によれば、警察は捜査の段階で町の半分だけを調べたところで、一人の怪しい人物を見付けて逮捕しました。それが被告人だったのです。町のあと半分は調べていなかった。もしあとの半分も調べていれば、同じような状況の人間がほかにも出てきた可能性がないとは言い切れないのです。被告人は捜査段階では自白したのだったかどうだったか忘れましたが、少なくとも公判へ来てからはずっと否認を続けていて、絶対に自分ではないと強く言い張っているのです。

そのような事情も、個々の証拠の証明力を減殺《げんさい》するといったものではないので、合理的な疑いが出て来るとまでは言えませんから、事実誤認の理由で破棄するわけには行かない。しかし、それでは絶対に間違いがないかというと、一抹の不安が最後まで残るのです。要するに、合理的な疑いを超える程度の心証は取れるのですから、証拠法の原則からいって有罪になるのが当然だった。しかも、もし有罪だとすれば、情状は非常に悪い事案でしたから、極刑をもって臨む以外にはないというような事件だったのです。私は裁判長ではなかったのですが、深刻に悩みました。しかし、死刑制度がある以上は、何とも仕方なかったのです。

いよいよ宣告の日になって、裁判長が上告棄却の判決を言い渡しました。ところが、われわれが退廷する時に、傍聴席にいた被告人の家族とおぼしき人たちから「人殺しっ」という罵声を背後から浴びせかけられました。裁判官は傍聴席からの悪罵くらいでショックを受けるようでは駄目ですが、この場合はいま申したような特異な事情でしたので、これには私は心をえぐられるような痛烈な打撃を受けたのです。その声は今でも耳の底に焼き付いたように残っていて忘れることができません」(同書8〜10ページ)

「これから誤判が本当に絶無になると、いったい誰が断言することができるでしょうか。もちろん、事実認定の点で、裁判官は十分な訓練を受け、かつ経験を積んでいます。しかし、人間である以上、絶対に間違いがないと言い切ることはできないはずです」(同書8ページ)

このような誤判に対する危機感を抱いた経験を経て、団藤教授は誤判の危険を理由に死刑廃止論に踏み切ったと著書に記しています。

たとえ量刑としては死刑が相当する案件であって、それに従って判決を出したとしても、それが死刑冤罪ではないという保証はどこにもないのです。

死刑冤罪「袴田事件」

2023年10月、新たに再審公判が始まった死刑事件が「袴田事件」です。

袴田事件は1966年(昭和41年)6月30日、静岡県の民家で、味噌《みそ》製造会社の専務ら一家4人が殺害された強盗殺人・放火事件です。

警察は被害者と同じ味噌製造会社に勤めていた袴田巖《いわお》さんを逮捕し、1日平均12時間以上の長時間の取調べを連日続けました。それだけでなく、袴田さんに被害者らの写真を示しつつ謝罪を繰り返し求め、自白しなければ長期間勾留するなどと告知して心理的に追い詰め、犯人と決めつけて執拗に自白を迫ったりもしました。さらに、尿意を催した袴田さんに対し、取調室内に便器を持ち込んで排尿を促すといった非人道的な取調べが行なわれました。

この時の捜査資料には、「袴田の取調べは情理だけでは自供に追い込むことは困難であるから取調官は確固たる信念を持って、犯人は袴田以外にはない、犯人は袴田に絶対間違いないということを強く袴田に印象づけることにつとめる」という方針が書かれていました。まさに警察側の「見立て」ありきで強迫的な取調べが行なわれたことがうかがえます。このような取調べを受けて、逮捕後20日目の取調べで袴田さんは「自白」をしてしまいます。

しかし、公判において、袴田さんは一貫して無罪を主張し、検察官が有罪を立証できるかどうか分からない状況になりました。

そして、事件から1年以上経ち公判審理も終盤に差し掛かった段階で、ある重要な証拠が発見されます。被害者の血液型と一致する血痕が付着していた「5点の衣類」が被害者の味噌製造会社の味噌タンクから発見され、そのズボンの共布《ともぎれ》（裾上げの時に残る端布《はぎれ》）が袴田さんの実家から発見されたのです。検察官は、これらの衣類は袴田さんが犯行時に着用していたものであり、袴田さんが犯人であることを証明する決定的な証拠だと主張しました。

第1審はこの5点の衣類を最大の有罪の証拠として死刑の有罪判決を宣告し、控訴審と最高裁判所も有罪の死刑判決を維持し、死刑判決が確定しました。

5点の衣類の「捏造」を実証した弁護団による実験

裁判所が有罪判決を維持しつづけたのは、袴田さんが無実だった場合に、この5点の衣類という証拠が出来すぎていて説明がつかなかったからだと思われます。

すなわち、かりにこの5点の衣類が捏造されたとすれば、袴田さんが着ていたものと同じ衣類を用意して、被害者らと同じ血液型の血液まで用意して、血液を付着させた衣類を味噌会社の従業員に知られないように味噌タンクの中に隠し、共布を袴田さんの実家に隠匿するという、かなり手の込んだ捏造をしなければならなくなります。

そのため、当時、この5点の衣類は捏造されたものとは考えられず、有罪の決定的な証拠とされていました。

しかし、再審請求審においてこの5点の証拠がやはり捏造されたものだったのではないかという疑いが再浮上します。

というのも、袴田さんが真犯人で、その逮捕前に味噌タンクの中に5点の衣類を隠していた場合、この5点の衣類は1年以上味噌漬けにされていたことになります。しかし、第2次再審請求審でようやく開示された写真では、5点の衣類の血痕は赤みを帯びており、1年以上味噌に漬かっていたようには見えませんでした。そのため、5点の衣類は袴田さんが逮捕前に味噌タンクに隠したものではなく、逮捕されてから1年以上経過してから、

58年にわたる戦いを通じて冤罪を晴らした袴田巖さんと姉・ひで子さん

袴田さん以外の人が味噌タンクに隠したという可能性が示唆されたのです。そして、このような捏造を行なうことができるのは捜査機関しかいないため、捜査機関によって捏造が行なわれた可能性を示唆するものでした。

そこで、弁護団は何度も味噌漬け実験を繰り返しました。その結果、やはり1年以上味噌漬けした場合、血痕は赤みがなくなることが分かりました。

裁判所の再審開始決定と無罪判決

以上のような弁護団の立証に対して、再審請求を受けた静岡地裁は、5点の衣類が捜査機関によって捏造された可能性を認めて再審開始決定を下しました。

そのうえで、静岡地裁は、袴田さんに対する身体拘束をこれ以上継続することは「耐え難いほど正義に反する状況にあると言わざるを得ない」として、死刑の執行のための身体拘束をも停止させ、袴田さんを釈放させました。

その後、東京高裁はこの静岡地裁決定を破棄しますが、最高裁が東京高裁の決定を再び破棄して差し戻しました。そして、差戻《さしもど》し後の東京高裁決定も、捜査機関による捏造の可能性を示唆したうえで再審開始を認めました。

2024年9月26日、静岡地裁は再審公判において、袴田さんに対して無罪判決を宣告しました。無罪判決は、5点の衣類だけでなく共布と虚偽自白を含めた「3つの捏造」を、可能性ではなく事実として踏み込んで認定した画期的なものでした。裁判官としても二度とこのような冤罪事件を起こさせないために、司法として毅然《きぜん》とした態度をとったのだと思われます。

袴田さんが逮捕されてから無罪判決に至るまで実に半世紀（58年）が経過し、袴田さんは世界で最も長く収監された死刑囚としてギネス認定も受けていたところ、そのような人に対して無罪判決が下され、その誤判冤罪が明らかになったことはひじょうに重い意味があると思います。

まず、捜査機関の証拠捏造によって死刑の有罪判決が宣告されてしまったということは、死刑冤罪の恐怖を物語っています。

特に、47年7か月間、1万7388日もの間、死刑執行におびえていた恐怖は想像を絶します。

袴田さんは長期間の収監と死刑執行への恐怖から拘禁《こうきん》反応が起こり、「神になった」「事件なんて起きていない」といった、現実と妄想が入り交じった発言をするような精神状態になり、完全な回復の見通しは立っていません。

彼に報《むく》いるためには、袴田事件の教訓を活かすことによって、もう二度と同じような冤罪を起こさないよう努めるしかないと思います。

「裁判官も人間だ」という、袴田さんの言葉

袴田さんは日記や家族への手紙において、次のような言葉を記しています。

「裁判官とて人間だ。人は誤り易いのだ。私は自分の身体を通して、こう強く感じました。今、私の人生の目的は、我慢することではなかろうか、と、錯覚致しているような気持です。今後は積極的に自分の全存在を賭けて公に争って行き度いと思っております」（傍点＝編集部）

「必ず証明してあげよう。お前のチャン（父ちゃん）は決して人を殺していないし、一

番それをよく知っているのが警察であって、一番申し訳なく思っているのが裁判官であることを」

これらの言葉をどのように受け止めればよいのでしょうか。

実際に第一審で袴田さんに対して死刑判決を宣告した3人の裁判官の一人である故・熊《くま》本典道《もとのりみち》元裁判官は、他の裁判官との合議で無罪心証を訴えたものの説得がかなわず、死刑の有罪判決を自ら書くことになったといいます。熊本元裁判官はその後裁判官を退官し、合議で無罪を主張したがかなわなかったことを法律を破って公表し、袴田さんに謝罪しました。

また、長年にわたって日本の刑事裁判のあり方に警鐘を鳴らしている木谷明《きたにあきら》元裁判官によれば、この袴田事件は誤判冤罪防止に努めていた当代一流とみられる刑事裁判官が多く担当していたとのことでした。どんなに優秀な人であったとしても、死刑という究極の刑罰に関する判断であったとしても、人が人を裁く以上は間違えるということであり、私たちはそのことをけっして忘れてはならないと思います。

冤罪と死刑廃止論

日本においてはかねてから死刑を存置《そんち》すべきなのか、それとも廃止すべきなのかという議論が盛んに行なわれてきました。

この議論において、誤判冤罪の危険は死刑廃止論の理由として積極的に主張されてきました。

たとえば、日弁連は2016年の「死刑制度の廃止を含む刑罰制度全体の改革を求める宣言」において、「誤判・えん罪（量刑事実の誤判を含む。）により、現実に、無実の者や不当に死刑判決を受けた者が国家刑罰権の名の下に生命を奪われてしまう具体的危険性があり、これらは取り返しのつかない人権侵害である」と指摘しています。

こうした誤判冤罪を理由とする死刑廃止論に対しては「誤判冤罪の危険は死刑だけでなく懲役刑にも妥当する。冤罪の危険性を持ち出すのであれば、あらゆる刑罰を科すことが許されなくなってしまう。除去すべきは死刑ではなく誤判、冤罪の危険であって、誤判、冤罪の危険は死刑廃止の理由にはならない」といった反論がなされています。

このような議論を踏まえると、結局のところ、問題なのは単に刑事裁判一般に冤罪や誤判の危険性があるということではなく、誤った死刑の危険性があること、すなわち、国家が人の命を間違って奪ってしまいうること（国家に間違って命を奪われうること）の是非なのだと思います。

この点について、死刑は人間の命という「取り返しのつかないもの」を奪ってしまうものである点において、他の刑罰と決定的に異なっています。

もちろん、懲役刑も人生の貴重な時間を奪うものであるわけで、その意味では懲役刑も死刑と同じく「回復不可能な刑」だと言えるかもしれません。

しかし、死刑の場合にはいったん刑が執行されてしまえば、冤罪に陥れられた当人が雪冤することはできなくなり、その補償を受けることもできなくなってしまいます。

懲役刑の場合には命あるかぎり再審請求によって自身の潔白を証明するチャンスがあり、雪冤すればその補償も受けることができるのに対し、死刑が執行されてしまえば、いわれのない罪で殺されるだけでなく、過ちを犯した国家によって自らの死刑冤罪を正す機会を奪われてしまうことになります。

私は、人間の尊厳に照らして、人は誰もが冤罪によって不当に生命・自由を侵害されない権利や、冤罪を晴らす権利があると考えています（憲法13条、31条）。冤罪は「必要悪」として許されるものでないうえ、死後に冤罪を晴らせればいいというものでもけっしてありません。

死刑は生命を奪う取り返しのつかない刑罰であるとともに、生命を奪うことによってその人の雪冤の機会も奪ってしまう点において二重の意味で回復不能な刑罰なのです。

死刑冤罪の残虐性

また、私は、死刑冤罪はこの世において最大の悲劇であり、最大の人権侵害だと考えています。それまで信頼して暮らしてきた国家にいわれのない濡れ衣を着せられ、国家権力という強大な相手に抗《あらが》うこともできず、なされるがままに有罪判決を宣告され、再審請求のチャンスすら十分に与えられないというのです。

このように、落ち度のない無実の人が、国家権力という強大な力によって憎むべき犯人に仕立て上げられた末、一方的に殺されてしまうことは、最も残酷な殺人に属すると思います。

しかも冤罪は濡れ衣である以上、自ら予防することができません。「普段から心がけがよければ濡れ衣を着せられない」などという保証はどこにもありません。冤罪は他人事ではなく自分や家族が巻き込まれることもありえるのです。

健全な日常を過ごしていたのにある日突然、冤罪に巻き込まれ、国家によって命を葬り去られてしまうかもしれないということです。

そうだとすれば、死刑は憲法36条の禁ずる「残虐な刑罰」に当たりうるものと言わざるをえません。

以上のとおり、私は、死刑はその他の刑罰と決定的に異なるものであり、人の命を国家が間違って奪うことはけっして許されるものでなく、誤判冤罪は死刑を廃止することの論拠になりえるものと考えます。

「死刑存置論」の限界

なお、死刑を存置する他の論拠として、一般に、「人を殺した以上、同程度の報いを受けるべきだ」という応報《おうほう》論や、遺族の被害感情が挙げられます。

しかし、冤罪による死刑が行なわれたとすれば、それは応報の相手を間違えているわけで、犯罪被害者やその家族も間違った人を処罰することは望んでいないでしょう。

このように、誤判や冤罪のリスクを想定する以上、応報論や遺族の被害感情は死刑を常に正当化する理由にはならないことになります。

私は、死刑の存置派も廃止派も人の命を大事にしている点は共通していると思っています。

死刑存置派は、人の命を大事に思うからこそ、人の命を奪うのは良くないことだと感じ、人を殺した人は死をもって償うべきだと考えます。しかし、人の命を奪うのは良くないことだと感じるからこそ、人の命を奪う死刑も許されないのではないでしょうか。

特に、誤った死刑判決は絶対に許されません。そして、人が人を裁く以上、誤った死刑判決が宣告されてしまうおそれはどうしても否定できないのです。

誤判や冤罪によって生まれた苦痛や損害は取り返しのつかないものですが、同じく人災である飛行機事故や医療事故の死亡事故に比べて、誤判や冤罪は死の結果が生ずるまでにその当事者を救い、人が犯した過ちを後から正すことができます。

誤った死刑判決が宣告されてしまうおそれがある以上、その誤りを是正する機会は常に保障されなければなりませんが、死刑自体、誤りを是正する機会を奪ってしまうため、このような保障は現実的には不可能です。

よって、私は死刑を廃止すべきだと考えています。

コラム4　死刑判決が逆転無罪となった冤罪事件

◎免田事件　１９４８年12月、熊本県人吉《ひとよし》市の祈禱師《きとうし》宅で４人が殺傷された事件。強盗殺人などの罪に問われた免田栄《めんださかえ》氏は死刑が確定したが、その後再審が開かれ、無罪となった（１９８３年）。日本における死刑囚で初めての再審無罪事件である。

◎財田川事件　１９５０年、香川県三豊《みとよ》郡財田《さいた》村（当時）で発生した強盗殺人事件。当時19歳であったTさんが別件逮捕され、長期間の勾留の末に自白し、強盗殺人罪で死刑が確定した。しかし、その後再審が認められ、戦後２件目の死刑再審無罪事件となった（１９８４年）。

◎松山事件　１９５５年、宮城県志田《しだ》郡松山町（現、大崎市）で、子供を含む一家４人が殺害された放火殺人事件。隣町に住むSさん（当時24歳）が、強盗殺人、非現住建造物等放火で死刑判決を受けたが、その後の再審で無罪となった（１９８４年）。

◎島田事件　１９５４年、静岡県島田市内の幼稚園から女児が行方不明となり、３日後、大井川《おおいがわ》対岸の山林内で遺体が発見された事件。当時25歳であったAさんが強姦致傷、殺人罪死刑判決を受け、確定したが、その後再審が行われて無罪となった（１９８９年）。

《ここまでの注釈は小学館『日本大百科全書』による》

◎袴田事件　１９６６年、静岡県清水市（当時）で起きた味噌会社の専務一家４人の強盗殺人・放火事件で、同社従業員で元ボクサーであった袴田巖氏は死刑判決を受けたが、その判決の決め手となった、味噌タンクから見つかった「犯行着衣」が捏造されたものと認められ、２０２４年、無罪判決が確定した。

第9章 イノセンス・プロジェクトという試み

世界に広がる冤罪救済

1992年、アメリカで「イノセンス・プロジェクト（Innocence Project）」が始動しました。

これは、無実であるにもかかわらず有罪判決を受けてしまった人たちに対して、DNA型鑑定などの科学鑑定によってその冤罪を晴らすという活動です。イノセンス・プロジェクトやその類似団体の活躍によって、1989年以降、アメリカでは3000人以上もの冤罪が晴らされました。

それまでのアメリカでは今の日本と同じく「冤罪なんて存在しないか、あったとしても稀な出来事だ」と考える人が大半でした。しかし、大量の冤罪事件が明るみに出て、それらがメディアによって連日報じられることによって人々の意識は一変します。

アメリカのこのような動きの中で特筆すべきは、ただ単に冤罪を晴らすことだけでは終わらなかったということです。彼らは冤罪から「学ぼう」としました。冤罪の原因を調べ、冤罪の救済や刑事司法制度の改善にそれらの知見を活かそうとしたのです。

たとえば、アメリカのすべての州で、冤罪を訴える者は自身の裁判の証拠についてDNA型鑑定を実施することを請求可能とするような立法が制定されたり、そのための証拠の保管・管理が改善されたりもしました。

さらに、多くの州の検察庁の中には有罪判決調査部門（Conviction Integrity Unit、CIU）が設置され、有罪判決が出された後にその検証をする機関が存在します。つまり、検察官も有罪を立証するだけでなく、冤罪救済に向けて積極的に活動をしているのです。

このような動きはアメリカだけでなく世界中で広がっているところです。

また、冤罪が世界共通の問題である一方、国によって雪冤が困難で無実の人たちの間に格差があることも問題視されており、このギャップを埋めようと「冤罪を晴らす権利」を国際人権法にするための運動も行なわれています。

ジャスティス・チャンピオン

イノセンス・プロジェクトはアメリカにとどまらず、カナダ、イギリス、台湾、オーストラリア、南アフリカなど世界中にその動きが広まっていき、関連団体によるイノセンス・ネットワークが形成されました。

年に一度、このイノセンス・ネットワークは世界大会を開いており、私も2023年にアメリカ・アリゾナ州で行なわれた世界大会に出席してきました。特に印象的だったのは、その開会式でした。

そこで、冤罪からの生還者が発表されたのです。会場中の参加者が立ち上がり、拍手が鳴りやみませんでした。感極《かんきわ》まって思わず隣の人とハグをする人や、すすり泣く声も聞こえました。

それだけではありません。私は、冤罪から生還した彼らの話を聞いてショックを受けました。

日本では、「冤罪犠牲者」という言葉のように、冤罪はその被害がクローズアップされる傾向があります。

これに対して、アメリカでも冤罪が悲劇であることには変わりないのですが、彼らは冤罪と闘う自分たちの勇気を示し、冤罪との闘いを鼓舞《こぶ》するような語りが多々見られました。彼らは「次はあなたの番だ！」と言って、これから再審請求しようとしている人たちを勇気づけていたのです。

この世界大会の会場で配られる名札にも〝ジャスティス・チャンピオン（Justice Champion）〟と書かれていたとおり、彼らは「犠牲者」というより「生還者」であり、「正義の味方」だったのです。

私は世界中で冤罪問題に尽力している仲間がいることが分かってとても心強く感じるとともに、冤罪救済に向けた情熱を受け取りました。私はこの灯火を広げていかなければならないと思っています。

イノセンス・プロジェクト・ジャパン

日本でも、2016年にイノセンス・プロジェクトに倣《なら》って「えん罪救済センター」が立命館大学関係の組織として発足しました。弁護士と刑事訴訟法研究者だけでなく、心理学者、情報学者、100人を超える学生ボランティアなどによって構成される冤罪救済団体です。私も2021年から運営に携わることになりました。

2022年にクラウド・ファンディングを実施したところ、全国から464人もの人々から寄付が集まりました。日本にもたくさんの人たちが冤罪に対して問題意識を抱いていることが分かり、とても心強く感じました。

私たちは寄せられた寄付を元に、「えん罪救済センター」を改めて、2023年4月に

「一般財団法人イノセンス・プロジェクト・ジャパン」を設立し、法人化を果たしました。

イノセンス・プロジェクト・ジャパンは、科学的証拠によって雪冤可能な事件について、弁護士や研究者がボランティアで支援を行なっています。

実際に、イノセンス・プロジェクト・ジャパンは、湖東記念病院事件という、自然死が殺人事件と間違えられてしまった冤罪事件について、科学的知見のあっせん・提供などを行ない、無罪判決に貢献しました。

イノセンス・プロジェクト・ジャパンでは今もたくさんの弁護士や研究者がボランティアで冤罪救済に尽力しています。

メンバーは皆ボランティアで取り組んでいますが、事務所や事務員についてかかる固定経費のほか、事件を雪冤するための鑑定にも費用がかかります。イノセンス・プロジェクト・ジャパンは寄付によって活動をしておりますので、ぜひ皆様にもご支援いただけますと幸いです。

法の不備の改善

冤罪を救済しやすくするためには、過去の冤罪事件で救済が困難または不十分であった原因を分析し、その障壁を取り除くことが重要です。

日本では過去の冤罪事件の教訓として、特に法律（刑事訴訟法）の不備が指摘されてきました。

まず、再審に関する規定がわずか19か条しか存在せず、それらは1922年の時の法律からほぼそのまま変わっていないのです。裁判官が審理するにあたって基づくべきルールがほとんどないため、裁判官によって審理の仕方に格差があるという再審格差が問題視されています。

また、証拠開示が法制化されておらず、再審請求が認められるためには新証拠が必要であるにもかかわらず、新証拠を見つけるための手段がないため救済がかなわず、制度の不備が放置されてしまうという負の循環も生じています。諸外国のようにDNA型鑑定を行なうように請求するための制度もありません。

そのほか審理の遅延や検察官の不服申立て（抗告）による再審請求審の長期化、請求権者が限られる死後再審の困難性も問題視されています。

再審に関する法律だけでなく、冤罪補償の不備も問題です。

無罪判決を宣告された人には1日1万2500円を上限とする刑事補償がありますが、これは金額的にも不十分であるほか、身体拘束されていない期間は補償の対象となりません。

弁護士費用や日当などを補償する費用補償は公判段階の通常審のみが対象であり、再審請求手続や捜査段階の費用は補償の対象にならず、また無罪判決ではないもののそれとほぼ同義のものとして運用されている公訴《こうそ》取消《とりけし》の場合には対象外になってしまいます。

このような法律の不備については、早急に法改正によって対応する必要があると思います。

冤罪を学び、冤罪に学ぶ

すでに指摘したとおり、冤罪から教訓を導くためには原因検証が必要不可欠であり、冤罪を減らし、救済を促進するようなより良い刑事司法を構築するためにも、冤罪検証機関を設立しなければなりません。

冤罪の原因を明らかにして、それに対する再発防止策を講ずることによって、はじめて同じような冤罪事件が起こることを防止することができます。反対に、このような仕組みがなければ、冤罪の原因は永遠に放置されてしまい、同じような冤罪事件が繰り返されてしまいます。

人は誰でも間違えますし、人が人を裁く以上、誤りは避けられません。

どんなに優秀な人であったとしても、どんなに努力をしている人であったとしても間違えてしまいます。

将来の冤罪事件を防ぐためには、司法に携わる人々を改めて間違えてしまうことのある等身大の「人間」として現実的に捉え直し、過去の冤罪事件の教訓を知識化したうえ、「冤罪を学び、冤罪に学ぶ」ことが必要です。

あとがき

本書では、「なぜ人は間違えるのか」などといった問いに対し、誤りを導く人間の心理傾向について解説したうえ、現実に起きている冤罪事件を実例として紹介しました。

私は、人間が間違える生き物であるからこそ、それを前提に努力するということは、まさに法律家の営みそのものだと思っています。

不完全な人間が作ったものである以上、完全無欠の法律などというものはありえず、必ず何らかの支障が生じます。人間が不完全である以上、つねに法律が守れるわけでもありません。不完全な人間が不完全な法律のもとに、皆ができるだけ幸せになるように努力するというのが私たち法律家の仕事なのです。

人間が間違えないのであれば、そして法律が完璧なのであれば、私たち法律家は必要ありません。その法律家の目から人間や法律の不完全性というものに少しでも向き合おうとしたのが「冤罪学」であり、本書でした。

2023年9月に法曹関係者・研究者向けの『冤罪学 冤罪に学ぶ原因と再発防止』(日本評論社)を出版した後、弁護士と研究者はもちろん、たくさんの裁判官や検察官から感想や応援の言葉をいただきました。

特に、特定非営利活動法人刑事司法及び少年司法に関する教育・学術研究推進センターには守屋研究奨励賞に選出いただいたうえ、年間研究会のテーマとして取り上げていただき、現在も刑事法と心理学の研究者、元裁判官や弁護士らと冤罪のメカニズムや予防について活発な議論をしています。

台湾イノセンス・プロジェクトの同志たちも、彼らにとって外国語であるはずの『冤罪学』を読み込み、翻訳出版を企画してくれています。このように、国内外のたくさんの法律家や研究者が冤罪に向き合おうと尽力している姿に、私は希望を感じています。

応援してくれたのは法律家と研究者だけではありません。ありがたいことに、たくさんの市民や学生の皆様にも「冤罪学」に興味を持っていただきました。学術書であるにもかかわらず、付箋《ふせん》を貼り、何度も読み返しながら内容を理解しようとされている読者の真摯な姿を目にして、私は法律家以外の方にとっても分かりやすく役に立つであろう本書を書かなければならないと心に誓いました。

本書のもとになる文章はNewsPicksのトピックスとしてオンライン上に掲載さ

れていたものですが、毎回、多くの方々からの温かい応援の言葉をいただきました。そしてその文章を編集者とともに修正や再構成を施し、出版に至ることができました。

このように、多くの方々に背中を押され、私はこの本を書き切ることができました。

特に、編集として尽力いただいた佐藤眞様、出版に向けて色々ご助力いただいた伊達百合様、「冤罪」というシンプルかつ絶妙なタイトルを名付けていただいた角川歴彦様、いつも支えてくれる家族にはこの場を借りて感謝申し上げます。

この本が少しでも皆様のお役に立ち、冤罪の予防に貢献することを願っております。

参考文献

・西愛礼『冤罪学　冤罪に学ぶ原因と再発防止』（日本評論社、2023年）

第1章　冤罪とは何か

・小田中聰樹『冤罪はこうして作られる』（講談社、1993年）
・後藤昌次郎『冤罪の諸相』（日本評論社、2010年）
・『大漢和辞典巻二（修訂版）』（大修館書店、1984年）
・「第179回国会衆議院会議録」第6号28頁（2011年11月7日）
・『日本国語大辞典第二巻（第二版）』（小学館、2001年）

第2章　「負けへんで！」山岸忍さんの戦い

・大阪地決令和3年7月8日 LEX/DB25592608
・大阪地判令和3年10月28日 LEX/DB25571817
・大阪地決令和5年3月31日 LEX/DB25595157
・大阪高決令和6年8月8日 LEX/DB25620732
・最決令和6年10月16日
・西愛礼「冤罪の構図――プレサンス元社長冤罪事件（1）～（4）」季刊刑事弁護（現代人文社、2022～2023年）、「冤罪の構図　プレサンス元社長冤罪事件」冤罪白書2023年（燦燈出版、2023年）
・山岸忍『負けへんで　東証一部上場企業社長vs地検特捜部』（文藝春秋、2023年）

第3章　なぜ人は間違えるのか

(1) 思い込みが冤罪を作る

・笹倉香奈「冤罪とバイアス」甲南法学58巻３・４号（２０１８年）

・マイケル・Ｊ・サックスほか（高野隆ほか（訳））『証拠法の心理学的基礎』（日本評論社、２０２２年）

・安廣文夫『大コンメンタール刑事訴訟法（第二版）第７巻』河上和雄ほか（編）（青林書院、２０１２年）

・最判平成24年９月７日刑集66巻９号９０７頁

(2) バイアスという「落とし穴」

・上村晃弘・サトウタツヤ「血液型性格関連説の最近の動向と問題点（１）」日本パーソナリティ心理学会発表論文集13巻（２００４年）

・大橋靖史「自白に頼った杜撰な捜査と闘う」日本弁護士連合会人権擁護委員会（編）『誤判原因に迫る　刑事弁護の視点と技術』（現代人文社、２００９年）

・神奈川県警察「横浜市立小学校に対する威力業務妨害被疑事件における警察捜査の問題点などの検証結果」（２０１２年）

・工藤恵理子「対人認知過程における血液型ステレオタイプの影響——血液型信念に影響されるものは何か」実験社会心理学研究43巻1号（２００３年）

・藤田政博『バイアスとは何か』（ちくま新書、２０２１年）

・ダン・サイモン（福島由衣ほか訳）『その証言、本当ですか?』（勁草書房、２０１９年）

・笹倉香奈「冤罪とバイアス」甲南法学58巻３・４号（２０１８年）

・Arkes H. R., Faust D., Guilmette T. J., & Hart K., *Eliminating the Hindsight Bias*, Journal of Applied

Psychology, 73(2)(1988)
・Dhami M. K., Belton I. K. & Mandel D. R., *The "Analysis of Competing Hypotheses" In Intelligence Analysis.*, Applied Cognitive Psychology, 33(6)(2019)
・Heuer R. J., *How Does Analysis of Competing Hypotheses (ACH) Improve Intelligence Analysis?*, pharson. org (2005)
・Pat Croskerry（廣澤孝信（訳））「認知バイアスを軽減する」Pat Croskerry ほか（綿貫聡＝徳田安春（監訳））『「誤診」はなくせるのか？』（医学書院、２０１９年）
・Sunstein C. R., Hastie R., Payne J. W., Schkade D. A., & Viscusi W. K., *Punitive Damages: How Juries Decide*, University of Chicago (2002)

（3）なぜ「直感的判断」は危険なのか

・木谷明『刑事裁判のいのち』（法律文化社、２０１３年）
・工藤恵理子「人や社会をとらえる心の仕組み」池田謙一ほか『社会心理学〔補訂版〕』（有斐閣、２０１０年）
・ダニエル・カーネマン（村井章子（訳））『ファスト＆スロー（上）』（早川書房、２０１４年）
・服部雅史「考える」服部雅史ほか『基礎から学ぶ認知心理学――人間の認識の不思議』（有斐閣ストゥディア、２０１６年）
・森久美子「職場の人間関係と意思決定」外島裕（監）『産業・組織心理学エッセンシャルズ（第４版）』（ナカニシヤ出版、２０１９年）

（4）はじめに「予断」ありき
・秋山賢三「『なだれ現象』と証拠構造論」秋山賢三ほか（編）『民衆司法と刑事法学：庭山英雄先生古稀祝賀記念論文集』（現代人文社、1999年）
・浅井暢子「偏見の低減と解消」北村英哉＝唐沢穣『偏見や差別はなぜ起こる？ 心理メカニズムの解明と現象の分析』（ちとせプレス、2018年）
・五十嵐二葉「犯罪報道が読者・視聴者に与える被疑者＝犯人視効果」法社会学1994巻46号（1994年）
・池上知子＝遠藤由美『グラフィック社会心理学第2版』（サイエンス社、2008年）
・一般社団法人日本新聞協会「新聞倫理綱領」（2000年）
・植村立郎『実践的刑事事実認定と情況証拠第4版』（立花書房、2020年）
・江原由美子「専門知批判の視点としてのジェンダーとジェンダー・バイアス」第二東京弁護士会 両性の平等に関する委員会 司法におけるジェンダー問題諮問会議（編）『事例で学ぶ司法におけるジェンダー・バイアス』（明石書店、2003年）
・大江朋子「ステレオタイプと社会的アイデンティティ」北村英哉＝唐沢穣『偏見や差別はなぜ起こる？ 心理メカニズムの解明と現象の分析』（ちとせプレス、2018年）
・大阪地判平成28年8月10日判時2324号11・28頁
・大津地判令和2年3月31日判時2445号3頁
・上瀬由美子『ステレオタイプの社会心理学』（サイエンス社、2002年）
・鴨志田祐美「冤罪とジェンダー　女性の冤罪被害の背景にみるジェンダー・バイアス」法と心理23巻1号（2023年）
・最高裁判所事務総局「ハンセン病を理由とする開廷場所指定に関する調査報告書」（2016年）

・田中開「刑事公判とテレビ」ジュリスト８５２号（１９８６年）
・田中輝和「刑事『事件報道』と刑訴法との関係（覚書）」東北学院大学論集法律学51・52号（東北学院大学学術研究会、１９９８年）
・田村達「偏見・差別とその認知的メカニズム」潮村公弘＝福島治（編）『社会心理学概説』（北大路書房、２００７年）
・ダニエル・カーネマンほか『ＮＯＩＳＥ（上）組織はなぜ判断を誤るのか？』（早川書房、２０２１年）
・ダン・サイモン（福島由衣ほか訳）『その証言、本当ですか？』（勁草書房、２０１９年）
・徳島地判昭和60年7月9日判タ５６１号１８０頁
・内閣府男女共同参画局「令和3年度　性別による無意識の思い込み（アンコンシャス・バイアス）に関する調査研究」及び「令和4年度　性別による無意識の思い込み（アンコンシャス・バイアス）に関する調査研究」
・藤田政博『バイアスとは何か』（ちくま新書、２０２１年）
・古田佑紀＝河村博『大コンメンタール刑事訴訟法（第二版）第5巻』河上和雄ほか（編）（青林書院、２０１３年）
・渕野貴生「裁判員裁判と報道」刑法雑誌50巻3号（日本刑法学会、２０１１年）
・マイケル・Ｊ・サックスほか（高野隆ほか（訳））『証拠法の心理学的基礎』（日本評論社、２０２２年）
・松本一郎「犯罪報道と刑事手続」ジュリスト８５２号（１９８６年）
・宮下萌『レイシャル・プロファイリング：警察による人種差別を問う』（大月書店、２０２３年）
・若林宏輔ほか「公判前の事件報道に対して理論的根拠を含む裁判官説示が与える影響」法と心理14巻1号（２０１４年）
・Cialdini, R. B., Cacioppo, J. T., Bassett, R., & Miller, J. A. (1978), *Low-Ball Procedure For Producing Compliance: Commitment Then Cost*, Journal of Personality and Social Psychology, 36 (5), 463-476.
・Jackson Nicky & Pate Margaret & Campbell Kathryn & Shlosberg Amy. *An Exploratory Study of "No-Crime"*

Homicide Cases Among Female Exonerees, Journal of Aggression, Maltreatment & Trauma. pp.1-18 (2022)
・Macrae, C. N., Bodenhausen, G. V., Milne, A. B. & Jetten, J. Out of mind but back in sight: Stereotypes on the rebound. Journal of Personality and Social Psychology, 67, 808-817. (1994)
・Simon Dan, *A Third View of the Black Box: Cognitive Coherence in Legal Decision Making*, University of Chicago Law Review: Vol. 71: Issue 2, Article 3. (2004)

(5) 正義感が冤罪をもたらすわけ

・大阪地判平成22年9月10日判タ１３９７号３０９頁
・最高検察庁「いわゆる厚労省元局長無罪事件における捜査・公判活動の問題点等について（公表版）」（２０１０年）
・産経ニュース「女児焼死で再審無罪の女性が元取調官に法廷で問うた真意」（２０２２年３月12日）
・ダン・サイモン（福島由衣ほか訳）『その証言、本当ですか』（勁草書房、２０１９年）
・独立行政法人情報処理推進機構「組織における内部不正防止ガイドライン（第５版）」（２０１３年）
・マシュー・サイド『失敗の科学』（ディスカヴァー・トゥエンティワン、２０１６年）
・村木厚子『私は負けない　「郵便不正事件」はこうして作られた』（中央公論新社、２０１３年）
・有限責任監査法人トーマツ『リスクマネジメントのプロセスと実務 増補版』（第一法規株式会社、２０１９年）
・レオン・フェスティンガー（末永俊郎訳）『認知的不協和の理論――社会心理学序説』（誠信書房、１９６５年）

第４章　組織もまた誤る

・井奥智大＝綿村英一郎「集団間関係における理解知覚の効果共存環境と分断環境の比較」（日本心理学会大会発表論文集　日本心理学第85回大会、２０２１年）

・池田謙一ほか『社会心理学〔補訂版〕』（有斐閣、２０１０年）
・角山剛（編）『組織行動の心理学』（北大路書房、２０１９年）
・最高検察庁「検事に対する意識調査結果（概要）」（２０１１年）
・潮村公弘＝福島治（編）『社会心理学概説』（北大路書房、２００７年）
・外島裕（監）『産業・組織心理学エッセンシャルズ（第４版）』（ナカニシヤ出版、２０１９年）
・芳賀繁（監）『ヒューマンエラーの理論と対策』（ＮＴＳ、２０１８年）

第5章　なぜ人は同じ間違いを繰り返すのか

・一川誠『ヒューマンエラーの心理学』（ちくま新書、２０１９年）
・小林宏之『航空安全とパイロットの危機管理』（成山堂書店、２０１６年）
・志水太郎ほか（監）『診断エラー学のすすめ』（日経ＢＰ、２０２１年）
・畑村洋太郎『失敗学のすすめ』（講談社、２０００年）
・藤田政博『バイアスとは何か』（ちくま新書、２０２１年）
・細田聡「人間工学とリスクマネジメント」馬場昌雄ほか（監）『産業・組織心理学』（白桃書房、２０１７年）
・有限責任監査法人トーマツ『リスクマネジメントのプロセスと実務 増補版』（第一法規株式会社、２０１９年）
・Ｆ・Ｈ・ホーキンズ（石川好美（訳））『ヒューマンファクター 航空の分野を中心として』（成文堂、１９９２年）
・ICAO *"Aircraft Accident and Incident Investigation Annex 13"* (2016)
・Ｌ・コーンほか（編）『人は誰でも間違える――より安全な医療システムを目指して』（２０００年、日本評論社）

第6章　「冤罪」はこうして生まれる

（1）「誤判冤罪」のメカニズム

・青木英五郎『誤判にいたる病――自由心証の病理について』（一粒社、１９６７年）
・池上知子＝遠藤由美『グラフィック社会心理学第2版』（サイエンス社、２００８年）
・門野博『刑事裁判は生きている――刑事事実認定の現在地』（日本評論社、２０２１年）
・角山剛（編）『組織行動の心理学』（北大路書房、２０１９年）
・木谷明『刑事裁判の心――事実認定適正化の方策』（法律文化社、２００４年）
・笹倉香奈「冤罪とバイアス」甲南法学58巻３・４号（甲南大学法学会、２０１８年）
・ダン・サイモン（福島由衣ほか訳）『その証言、本当ですか？』（勁草書房、２０１９年）
・芳賀繁（監）『ヒューマンエラーの理論と対策』（ＮＴＳ、２０１８年）
・浜田寿美男『自白の研究』（三一書房、１９９２年）、「供述分析」藤田政博（編）『法と心理学』（法律文化社、２０１３年）
・藤田政博『バイアスとは何か』（ちくま新書、２０２１年）
・渡部保夫『無罪の発見――証拠の分析と判断基準』（勁草書房、１９９２年）
・Mark Godsey, *Blind Injustice*, University of California Press. (2017)

（2）裁判における「事実」とは何か

・最判昭和48年12月13日集刑１９０号７８１頁
・司法研修所刑事裁判教官室『刑裁修習読本―これからの刑事裁判を担う人たちへ―（平成24年版）』（司法研修所、

２０１２年）
・ブランドン・L・ギャレット（笹倉香奈ほか（訳））『冤罪を生む構造――アメリカ雪冤事件の実証研究』（日本評論社、２０１４年）
・増田豊『刑事手続における事実認定の推論構造と真実発見』（勁草書房、２００４年）

（3）日本における「自白偏重」の伝統

・今村核『冤罪と裁判』（講談社、２０１２年）
・氏家幹人『江戸時代の罪と罰』（草思社文庫、２０２１年）
・大平祐一『近世日本の訴訟と法』（創文社、２０１３年）
・小野武雄『江戸の刑罰風俗誌　増補牢獄秘録 拷問実記 吟味の口伝』（展望社、１９９８年）
・川崎英明「違法取調べの抑制方法」井戸田侃（編）『総合研究 被疑者取調べ』（日本評論社、１９９１年）
・警察庁「警察における取調べの実情について」（２０１１年）
・小坂井九（編）「取調べの可視化 その理論と実践：刑事司法の歴史的転換点を超えて」（現代人文社、２０２４年）
・佐々波与佐次郎「日本刑事法制史」（有斐閣、１９６７年）
・司法研修所（編）『自白の信用性―被告人と犯行との結び付きが争われた事例を中心として―』（法曹会、１９９１年）
・スティーヴン・A・ドリズィン＝リチャード・A・レオ（伊藤和子（訳））『なぜ無実の人が自白するのか』（日本評論社、２００８年）
・富山地高岡支判平成19年10月10日 LEX/DB28135488
・富山地判平成27年3月9日判時２２６１号47頁

・平松義郎『近世刑事訴訟法の研究』（創文社、１９６０年）
・法務省「被疑者取調べの録音・録画に関する法務省勉強会取りまとめ」（２０１０年）

（4）日本が「人質司法の国」と言われるわけ

・角川歴彦『人間の証明　勾留２２６日と私の生存権について』（リトル・モア、２０２４年）
・高田剛＝小林貴樹「大川原化工機事件について」冤罪白書２０２２年（燦燈出版、２０２２年）
・高野隆『人質司法』（角川新書、２０２１年）
・日本弁護士連合会「『人質司法』の解消を求める意見書」（２０２０年）
・ひとごとじゃないよ！ 人質司法「【人質司法】無実を訴えたまま失われた命――相嶋静夫さんのストーリー」（https://innocenceprojectjapan.org/archives/4830（２０２４年10月13日最終閲覧）
・毎日新聞「『立件方向にねじ曲げ』警視庁内部文書に記載　起訴取り消しで地検が指摘」（２０２３年12月6日）、「警視庁公安部、有識者聴取と異なる報告書作成か 起訴取り消し」（２０２３年12月8日）、「装置不正輸出　東京地検『起訴に不安』警察文書と裁判証言に矛盾」（２０２３年12月22日）
・山岸忍『負けへんで　東証一部上場企業社長vs地検特捜部』（文藝春秋、２０２３年）
・Human Right Watch「日本の『人質司法』保釈の否定、自白の強要、不十分な弁護士アクセス」（２０２３年）
・ＮＨＫ「冤罪の深層～警視庁公安部で何が～」（２０２３年9月24日放送）、「冤罪の深層～新資料は何を語るのか～」（２０２３年12月23日放送）

（5）虚偽供述を産み出す捜査手法とは

・司法研修所『共犯者の供述の信用性』（法曹会、１９９６年）

・スティーヴン・A・ドリズィン＝リチャード・A・レオ（伊藤和子（訳））『なぜ無実の人が自白するのか』（日本評論社、２００８年）
・富山地高岡支判平成19年10月10日 LEX/DB28135488
・富山地判平成27年3月9日判時２２６１号47頁
・西愛礼「冤罪の構図　プレサンス元社長冤罪事件」冤罪白書２０２３年（燦燦出版、２０２３年）
・浜田寿美男『自白の研究』（三一書房、１９９２年）
・前田裕司・奥村回（編）『えん罪・氷見事件を深読みする　国賠訴訟のすべて』（現代人文社、２０１６年）
・R・ブル＝R・ミルン（原聡（訳））『取調べの心理学―事情聴取のための捜査面接法―』（北大路書房、２００３年）
・Kassin S. M. & McNall K., *Police Interrogation and Confessions: Communicating Promises and Threats by Pragmatic Implication*, Law and Human Behavior. 15, pp.233-251 (1991)

(6) もし犯人と見間違えられたら

・秋山賢三ほか（編）『続・痴漢冤罪の弁護』（現代人文社、２００９年）
・厳島行雄ほか『目撃証言の心理学』（北大路書房、２００３年）
・エリザベス・F・ロフタス（西本武彦（訳））『目撃者の証言』（誠信書房、１９８７年）
・大阪地判平成20年8月8日
・大阪地判平成20年10月24日
・大阪地判令和5年1月17日
・大森顕・山本衛（編）『痴漢を弁護する理由』（日本評論社、２０２２年）
・冤罪Ｆｉｌｅ２０２３年夏号（メディアックス、２０２３年）

・司法研修所『犯人識別供述の信用性』（法曹会、１９９９年）
・ジャニファー・トンプソン・カニーノほか（指宿信ほか（訳））『とらわれた二人』（岩波書店、２０１３年）
・最判平成21年４月14日那須君平最高裁判所裁判官の補足意見
・西愛礼「事件は現場で起きている」季刊刑事弁護１１７号（現代人文社、２０２４年）
・法と心理学会・目撃ガイドライン作成委員会（編）『目撃供述・識別手続に関するガイドライン』（現代人文社、２００５年）
・渡部保夫（監）『目撃証言の研究　法と心理学の架け橋をもとめて』（北大路書房、２００１年）

（7）科学捜査が産む冤罪

・我妻路人＝辻亮＝秋田真志「弁護団から見たＳＢＳ冤罪・山内事件」甲南法学60巻１～４号（甲南大学法学会、２０２０年）
・秋田真志「ＳＢＳ／ＡＨＴ仮説をめぐる日本と海外の議論状況」判例時報２５３２号（２０２２年、判例時報社）、「ＳＢＳ神話とえん罪～揺さぶられる真実～―揺さぶられっ子症候群をめぐる医学的・法的諸問題―」刑法雑誌59巻１号（日本刑法学会、２０２０年）
・秋田真志・古川原明子・笹倉香奈『赤ちゃんの虐待えん罪』（現代人文社、２０２３年）
・大阪地判平成29年10月２日判時２４７６号１２６頁
・大阪高判令和元年10月25日高刑速令和元年４７７頁
・笹倉香奈「冤罪とバイアス」甲南法学58巻３・４号（２０１８年）
・佐藤博史「ＤＮＡ鑑定とヒューマンエラー―ＤＮＡ鑑定を等身大に見る―」高橋則夫ほか（編）『曽根威彦先生・田口守一先生古稀祝賀論文集』（成文堂、２０１４年）

・司法研修所『科学的証拠とこれを用いた裁判の在り方』（法曹会、２０１３年）
・平岡義博『日本の法科学が科学であるために』（現代人文社、２０２２年）
・Guthkelch AN, *Infantile Subdural Haematoma and Its Relationship To Whiplash Injuries*, Br Med J. 1971 May 22;2 (5759): 430-1, (1971)

第7章　なぜ冤罪は繰り返されるのか

・日弁連 えん罪原因究明第三者機関ワーキンググループ（編）『えん罪原因を調査せよ　国会に第三者機関の設置を』（勁草書房、２０１２年）
・ブランドン・L・ギャレット（笹倉香奈ほか（訳））『冤罪を生む構造――アメリカ雪冤事件の実証研究』（日本評論社、２０１４年）
・マシュー・サイド『失敗の科学』（ディスカヴァー・トゥエンティワン、２０１６年）

第8章　冤罪学から死刑廃止論を考える

・加藤尚武『応用倫理学のすすめ』（丸善ライブラリー、１９９５年）
・椎橋隆幸「日本の死刑制度について」現代刑事法：その理論と実務3巻5号（現代法律出版、２００１年）
・静岡地決平成26年3月27日判時２２３５号１１３頁
・静岡地判令和６年９月26日
・団藤重光『死刑廃止論〔第五版〕』（有斐閣、１９９１年）
・東京高決令和５年３月13日
・日本弁護士連合会「死刑制度の廃止を含む刑罰制度全体の改革を求める宣言」（２０１６年）

・浜田寿美男『自白が無実を証明する：袴田事件、その自白の心理学的供述分析』（北大路書房、２００６年）
・三原憲三『誤判と死刑廃止論』（成文堂、２０１１年）
・村山浩昭ほか『再審制度ってなんだ？　袴田事件から学ぶ』（岩波書店、２０２４年）
・The Death Penalty Project「誤判の必然性　死刑事件における司法」（２０２０年）

第9章　イノセンス・プロジェクトという試み

・安部祥太ほか（編）『見直そう！ 再審のルール この国が冤罪と向き合うために』（現代人文社、２０２３年）
・イノセンス・プロジェクト・ジャパンＨＰ（https://innocenceprojectjapan.org/ ２０２４年10月13日最終閲覧）
・笹倉香奈「冤罪を考える③アメリカの誤判・冤罪とイノセンス運動（１）〜（３）」時の法令（朝陽会、２０２１年）２１２１号64頁以下、２１２３号34頁以下、２１２７号45頁以下
・日本弁護士連合会人権擁護委員会再審部会（編）『21世紀の再審 えん罪被害者の速やかな救済のために』（日本評論社、２０２１年）

※本書コラムを作成するに当たって参考にした小学館『日本大百科全書』の各項目はすべて江川紹子氏の執筆に拠るものです（編集部）

西 愛礼《にし よしゆき》

1991年、鹿児島市生まれ。裁判官を経て弁護士に転身。後藤・しんゆう法律事務所（大阪弁護士会）所属。プレサンス元社長冤罪事件弁護団、角川人質司法違憲訴訟弁護団、日弁連再審法改正実現本部委員などを務める。イノセンス・プロジェクト・ジャパン、刑法学会・法と心理学会所属。守屋研究奨励賞・季刊刑事弁護新人賞。初の著書『冤罪学』（日本評論社）は専門書ながら、多くの読者から注目された。

冤罪《えんざい》
なぜ人《ひと》は間違《まちが》えるのか

二〇二四年一二月一一日　第一刷発行

インターナショナル新書一五一

著者　西《にし》 愛礼《よしゆき》
発行者　岩瀬 朗
発行所　株式会社 集英社インターナショナル
〒一〇一-〇〇六四 東京都千代田区神田猿楽町一-五-一八
電話 〇三-五二一一-二六三〇
発売所　株式会社 集英社
〒一〇一-八〇五〇 東京都千代田区一ツ橋二-五-一〇
電話 〇三-三二三〇-六〇八〇（読者係）
〇三-三二三〇-六三九三（販売部）書店専用
装幀　アルビレオ
印刷所　大日本印刷株式会社
製本所　加藤製本株式会社

ISBN978-4-7976-8151-2　C0230

インターナショナル新書

137
我々の死者と未来の他者
戦後日本人が失ったもの
大澤真幸

なぜ、日本人は気候変動問題に対する関心が低いのか。そのヒントは村上春樹らの小説や『鬼滅の刃』などの漫画作品にあった。〈我々の死者〉〈未来の他者〉をキーワードに、過去・未来と現在との「分断」の正体を暴く。

139
クレーンゲームで学ぶ物理学
小山佳一

クレーンゲームの仕組みや景品ゲットまでの悪戦苦闘を描きながら、「座標・ばね・重心・てこの原理・振動・電磁誘導」といった、物理の基本に触れていく。ゲーム歴30年の物理学者による、オモシロ物理学入門！

141
物理学者のすごい日常
橋本幸士

駅から学校まで、雨に濡れずに歩けるか。満員電車で席を確保する科学的方法。隣席の貧乏ゆすりを相殺する手段とは…。日々の生活を物理学的思考法で考え、実際に試してみる。常識をくつがえす、科学エッセイ。

142
平和道
人類1万年の歩みに学ぶ
前川仁之

世界の思想家、科学者、軍人らが追い求めた「平和志向」の歴史を旅する一冊！ ノンフィクション作家である著者が、古今東西、平和実現のための試みをつなぎ合わせ、現代人に求められる〝平和道〟を提示する。

インターナショナル新書

143
日本はどこで道を誤ったのか
山口二郎

政治家や官僚の劣化、少子化による人口減少、上昇しない実質賃金、インフレによる生活苦……現在の日本社会が停滞している原因は、どこにあるのか？　令和の時代にふさわしい新しい政治のあり方を考え、提言する。

146
売上目標を捨てよう
青嶋　稔

野村総研のトップコンサルタントであり、自身もかつて営業を経験した著者が、19の先行事例から解説するマーケティング改革の成功事例集。【掲載事例：ソニーグループ、サントリー、日立製作所、大和証券、他】

147
光速・時空・生命
秒速30万キロから見た世界
橋元淳一郎

この世界に光速を超える速度はない。超光速粒子タキオンやウラシマ効果などのSF感覚も導入し、時間と空間、実世界と虚世界、宇宙、哲学、生命、人類の未来にまで及ぶ、光速をめぐる壮大な思考実験を展開。

150
スピン流は科学を書き換える
齊藤英治

電子の「自転」＝スピンの流れが発見された。従来の科学で表せないスピン流の物理の確立は、IT、エネルギー、センシングなど、現代文明の問題を打開する可能性を秘め、科学の未解決問題の追究にさえ挑んでいく。